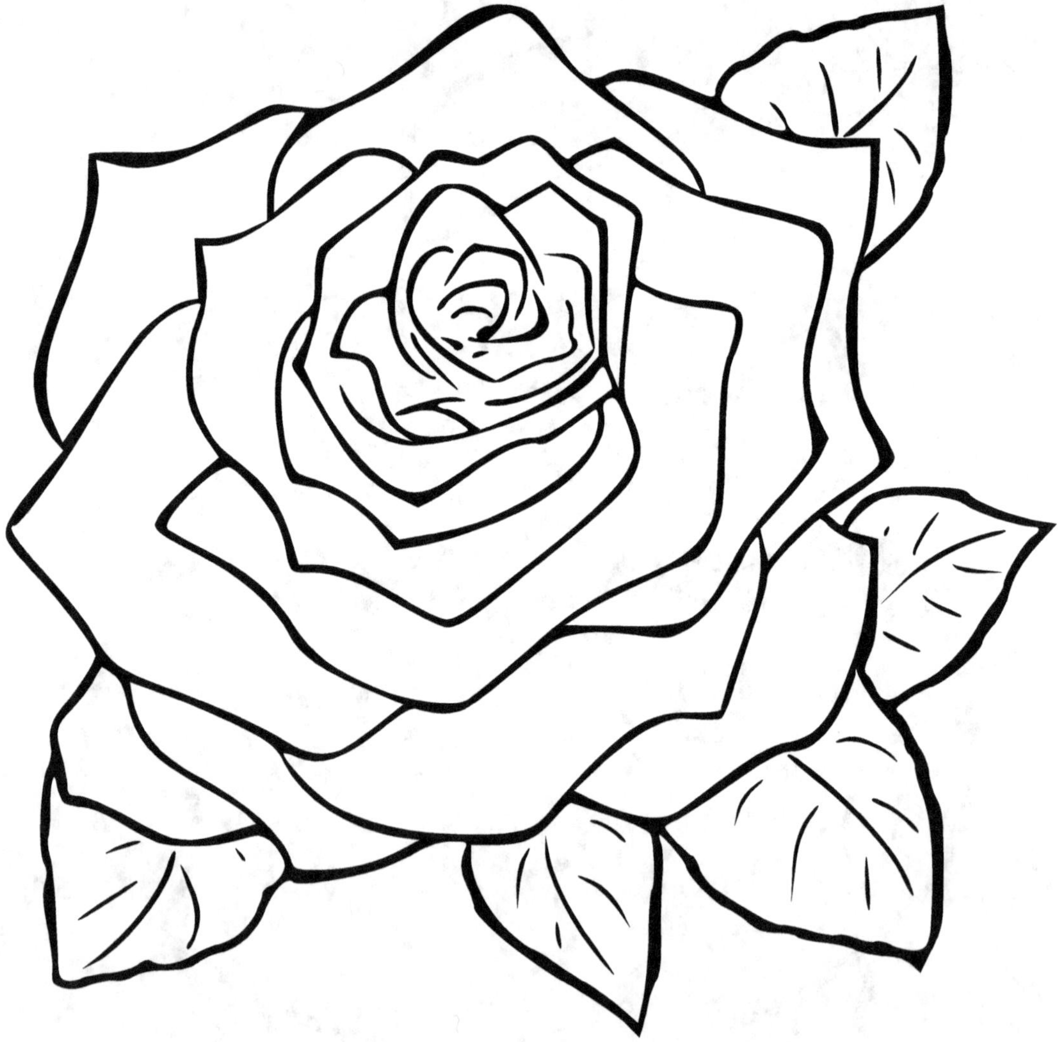

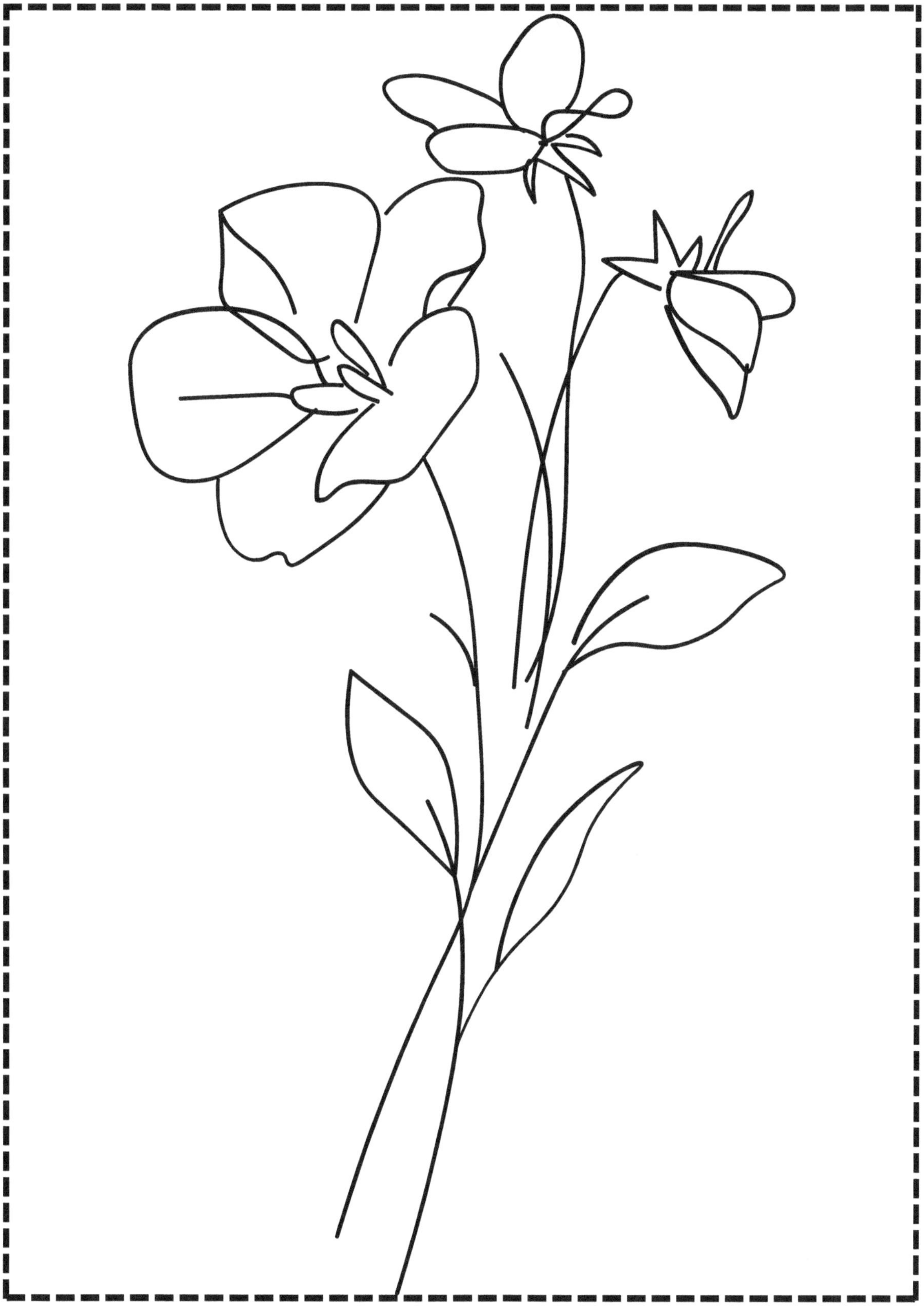

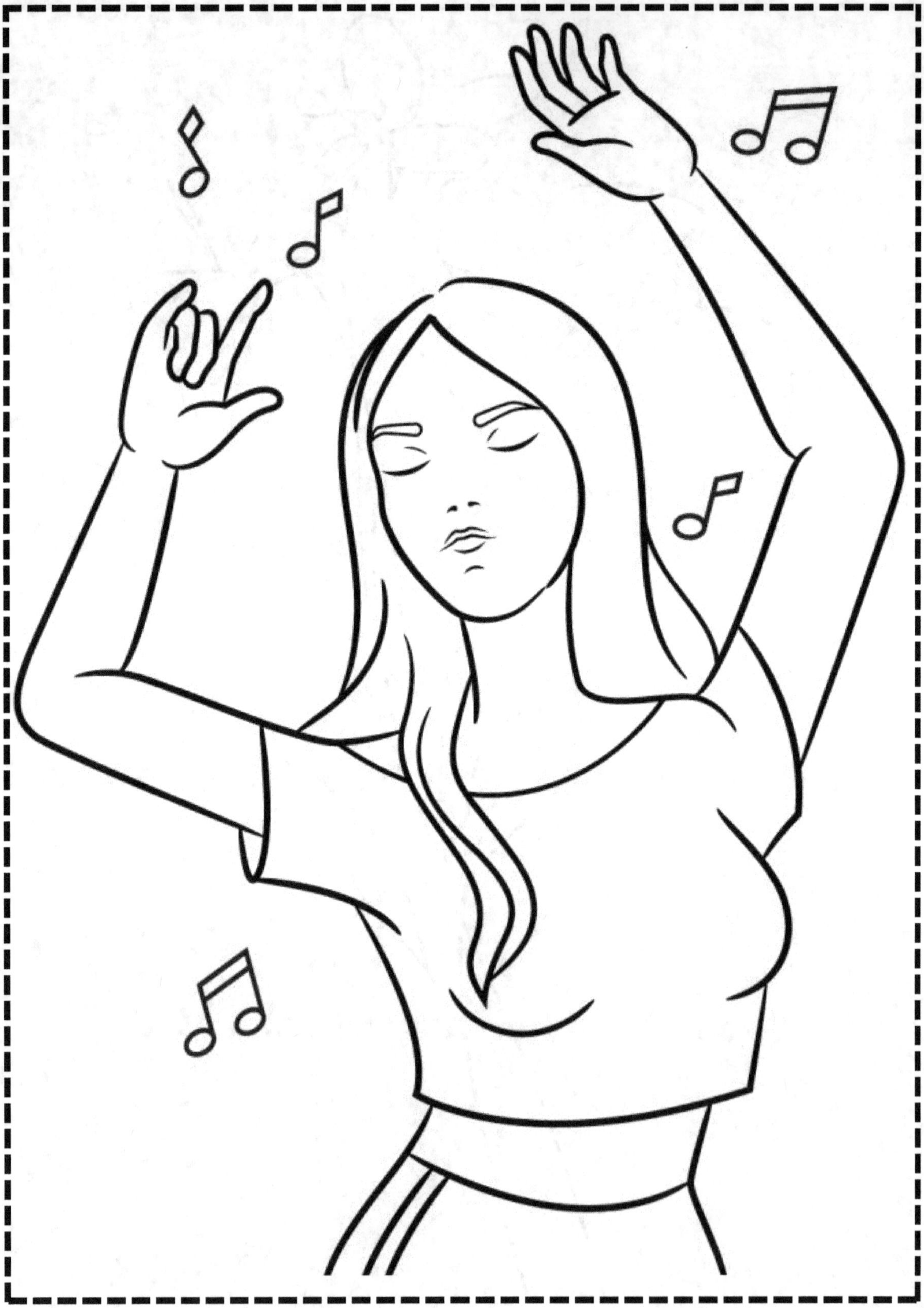

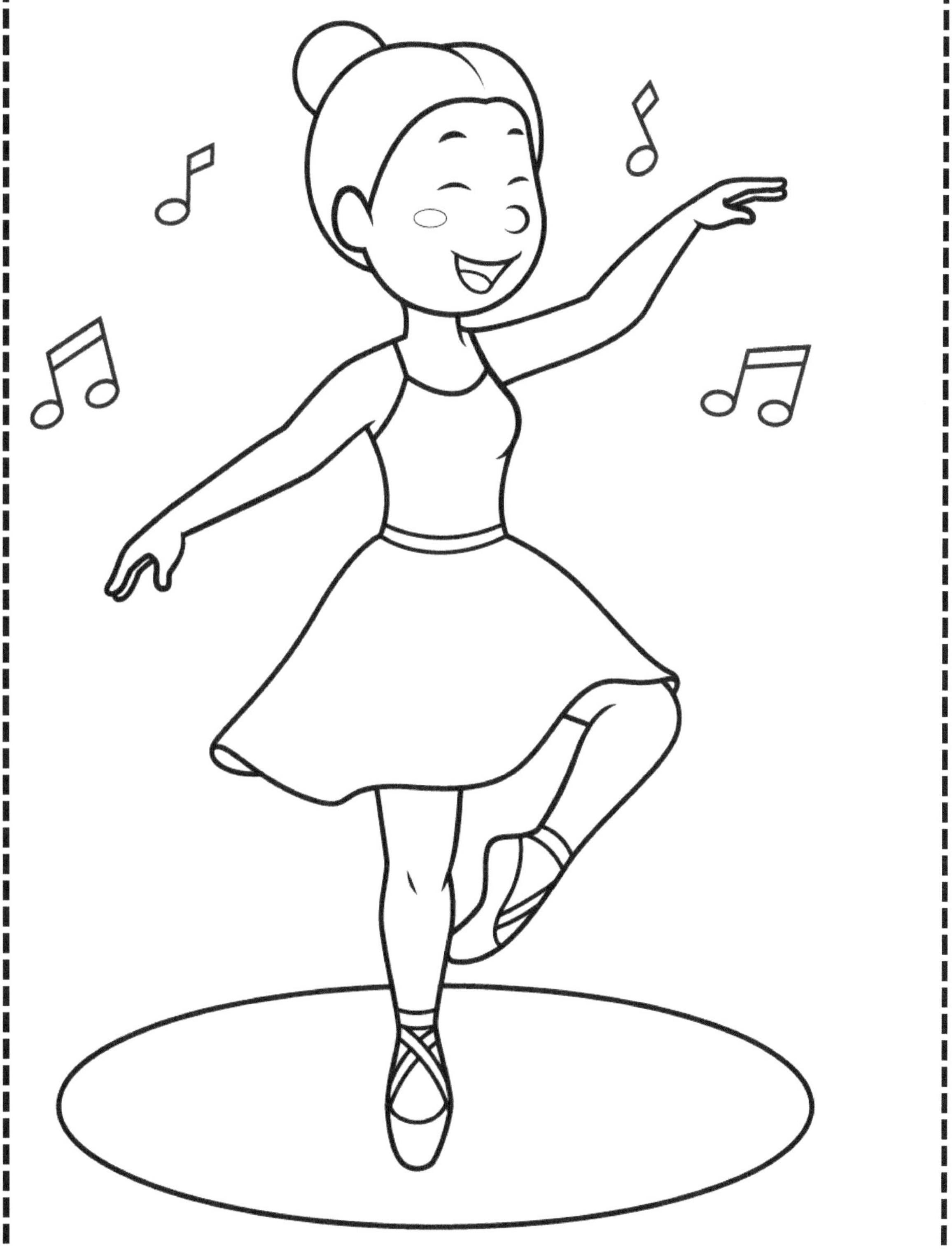

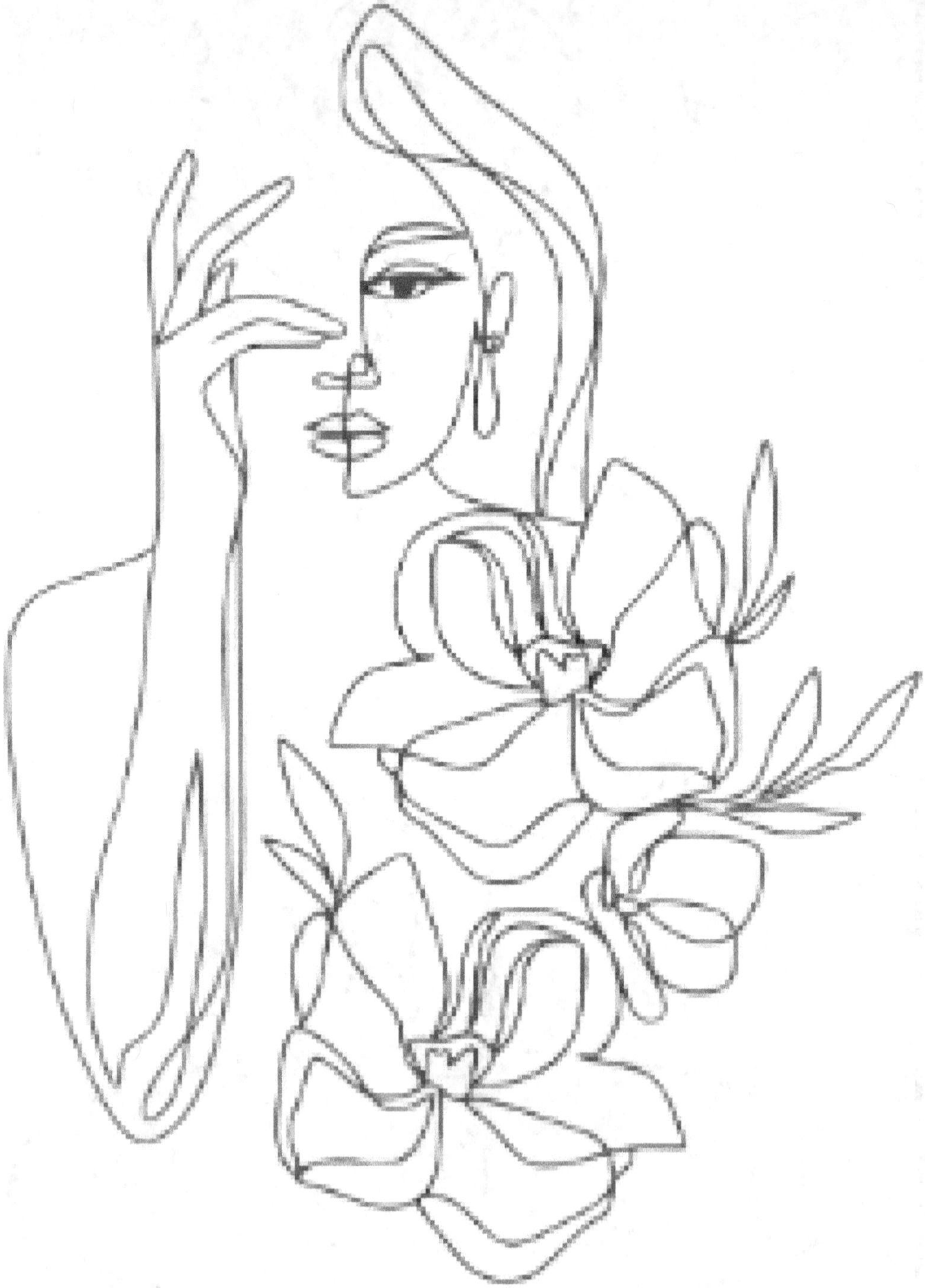

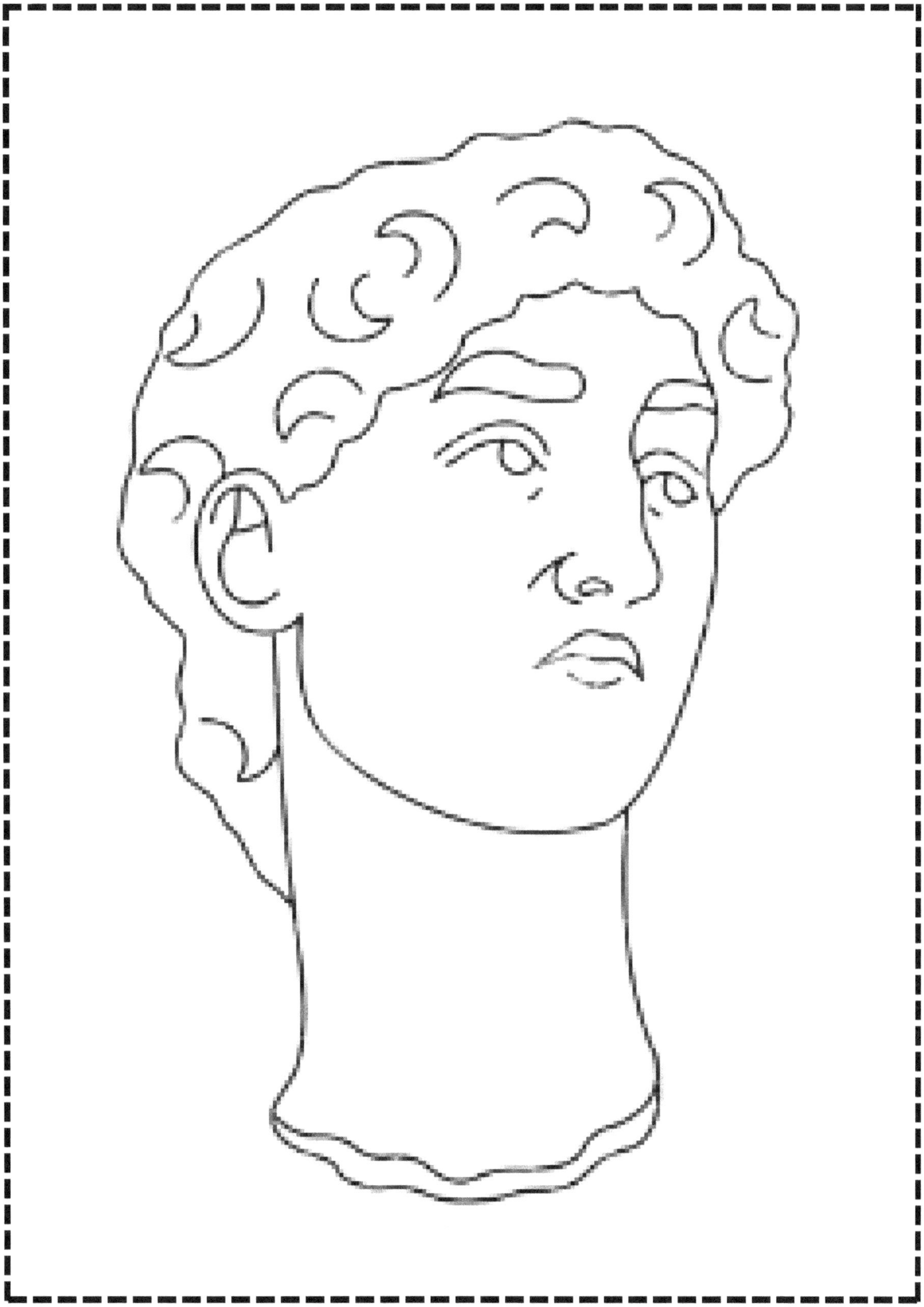

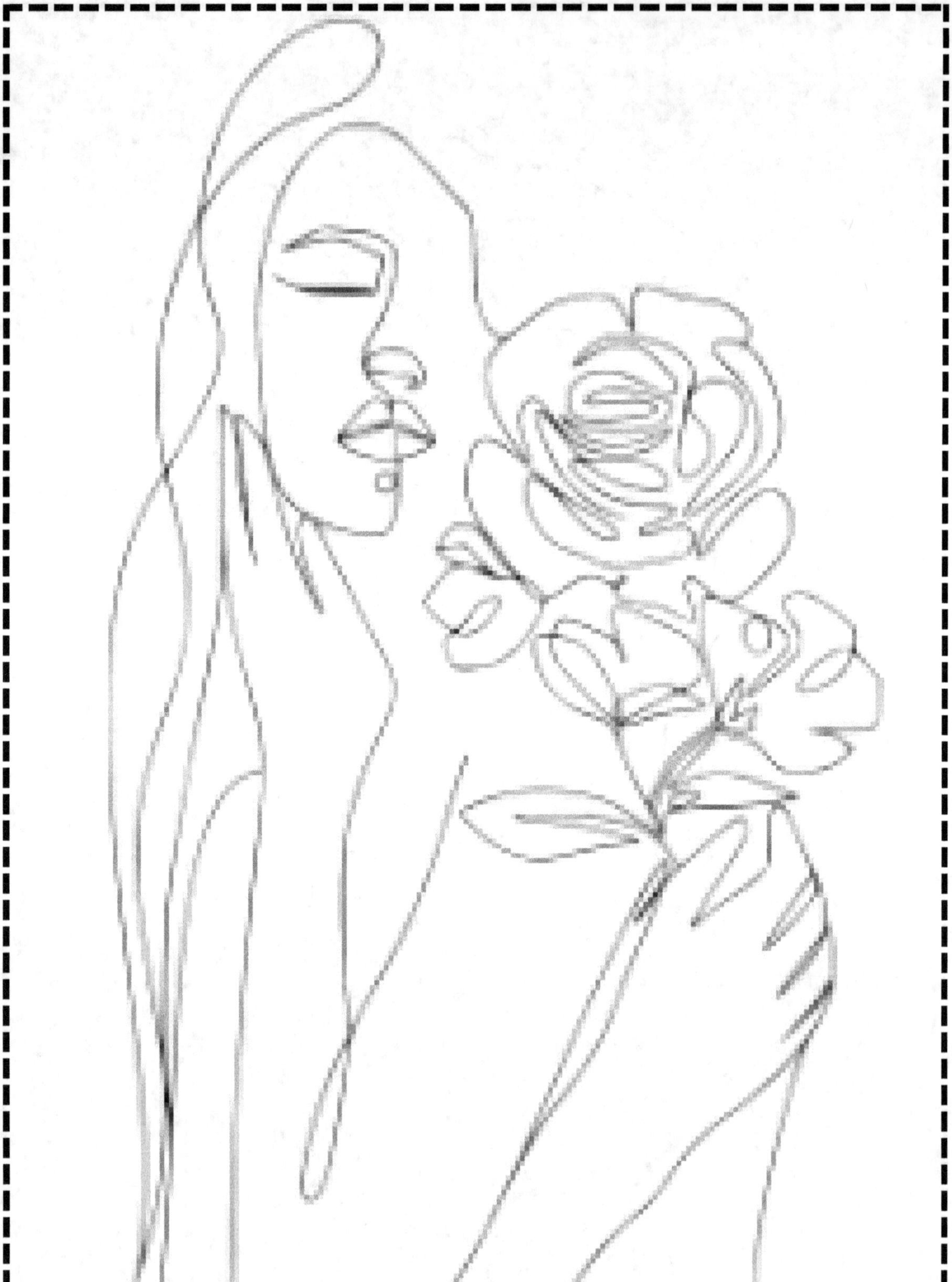

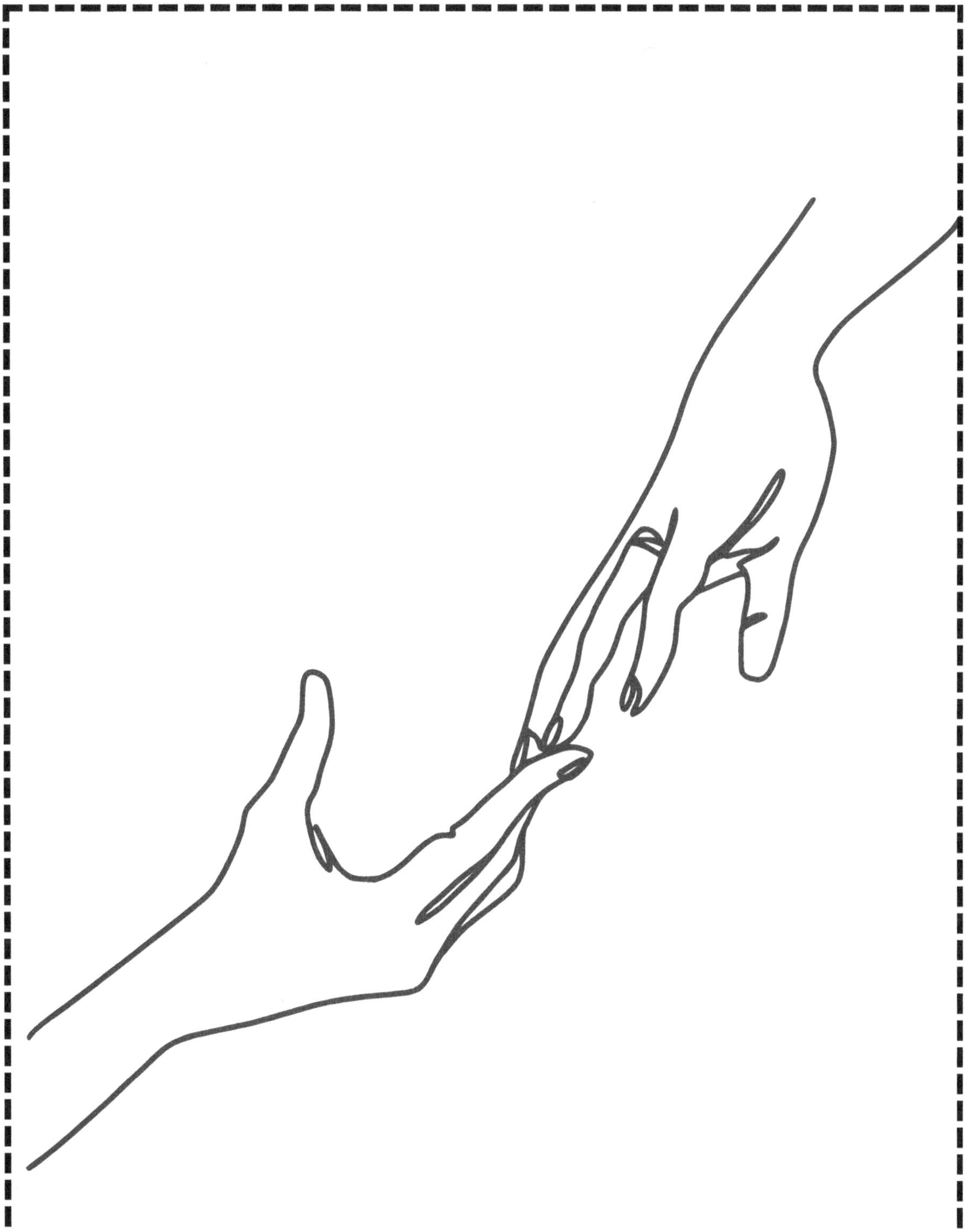

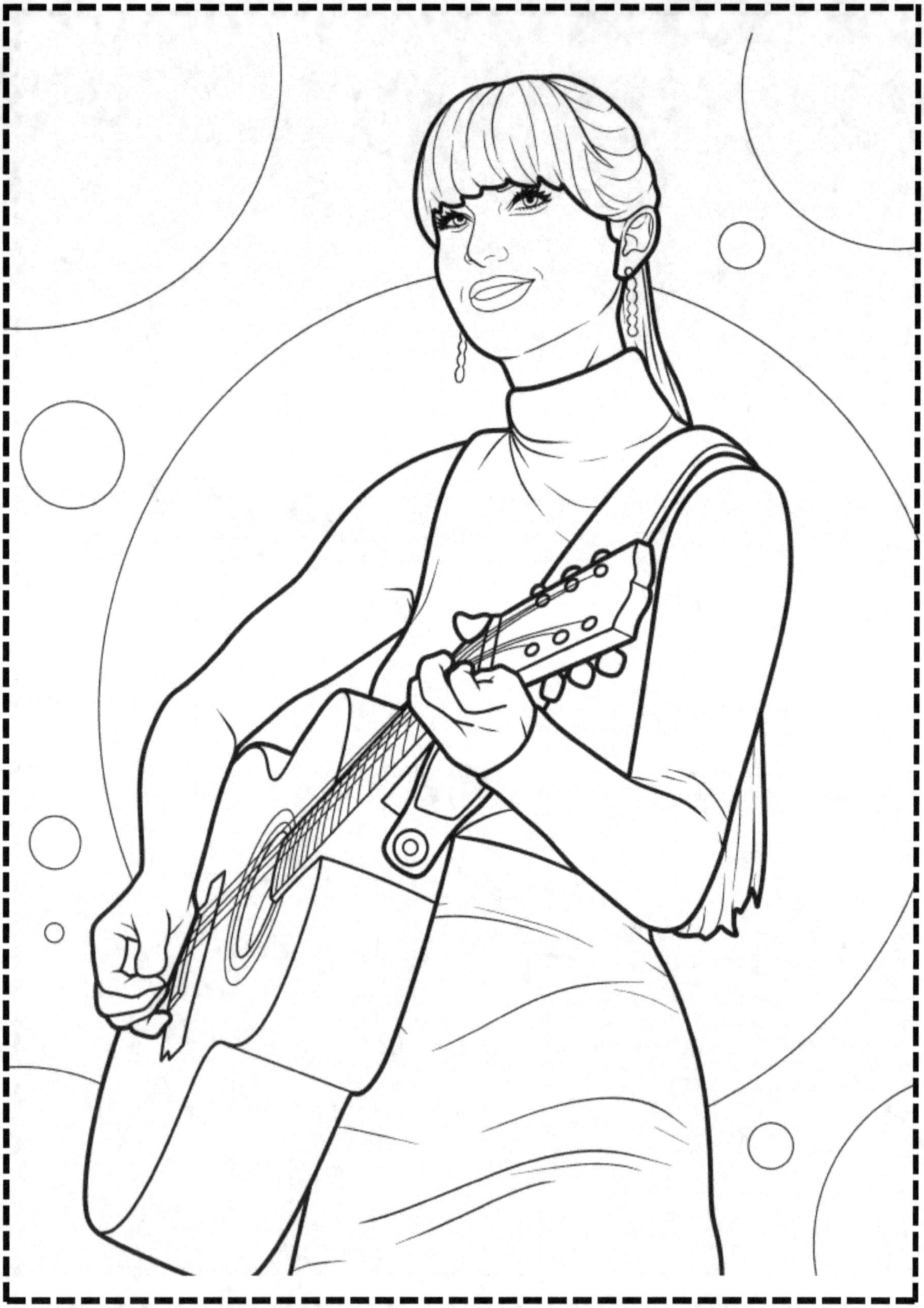

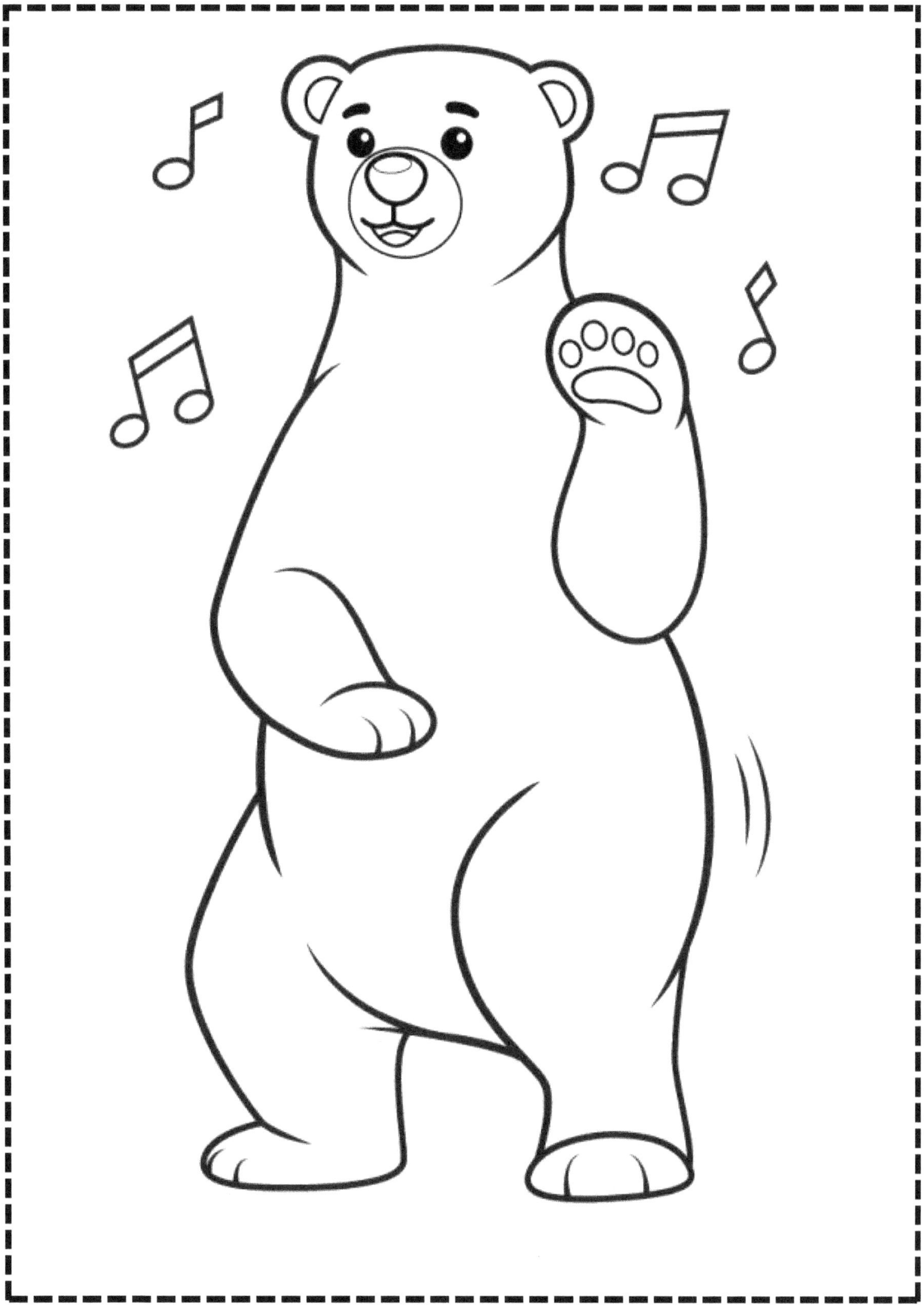

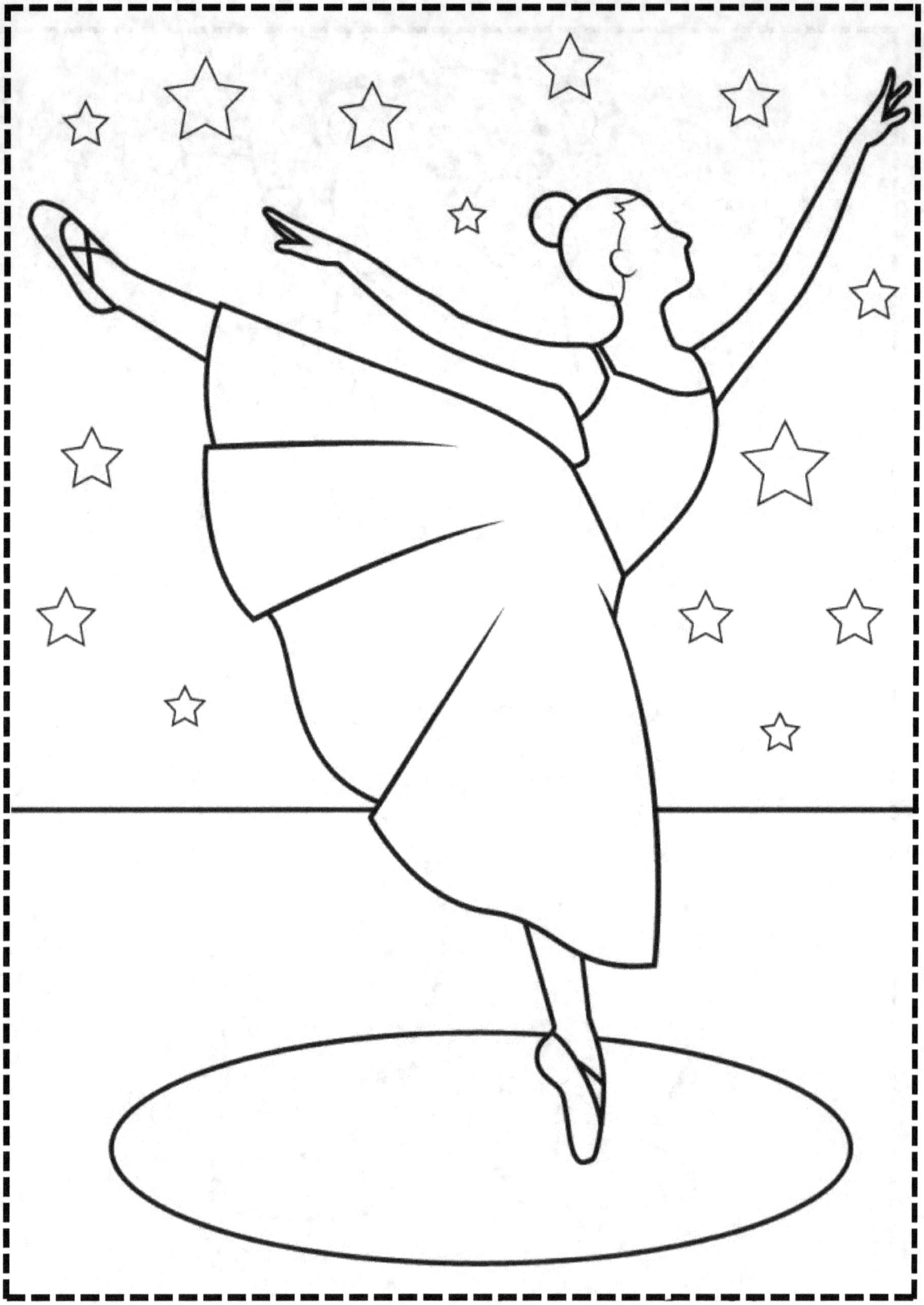

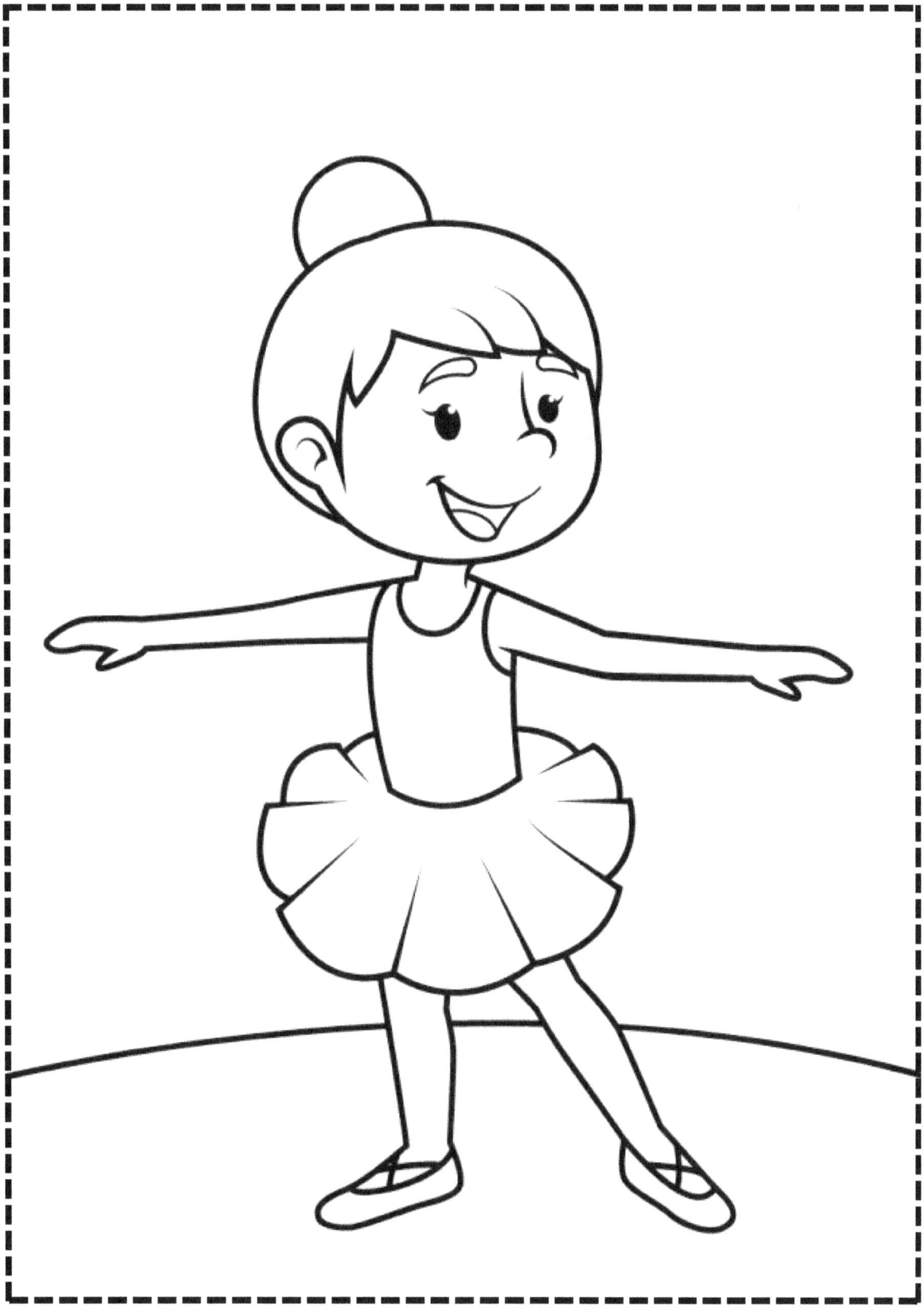

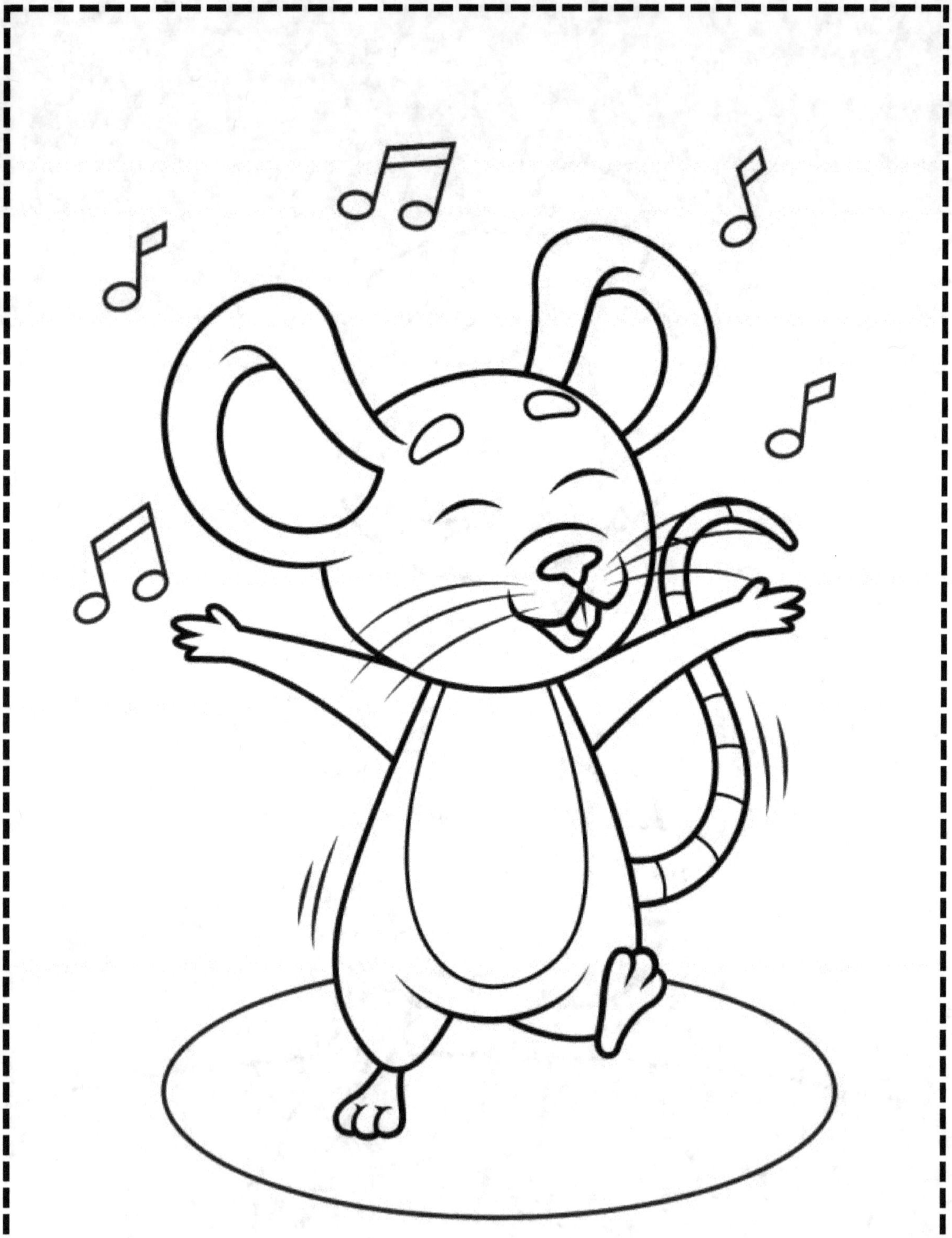

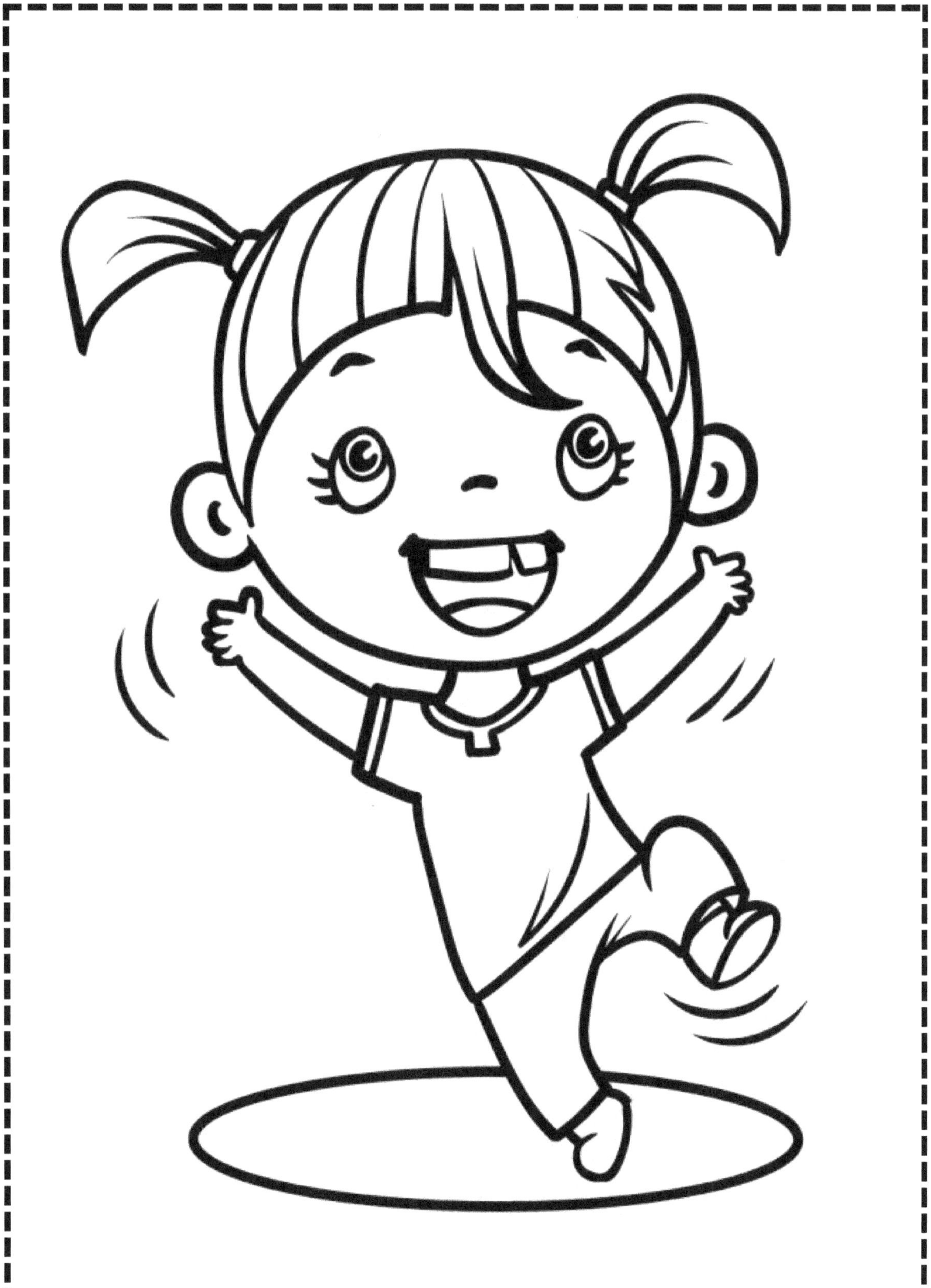

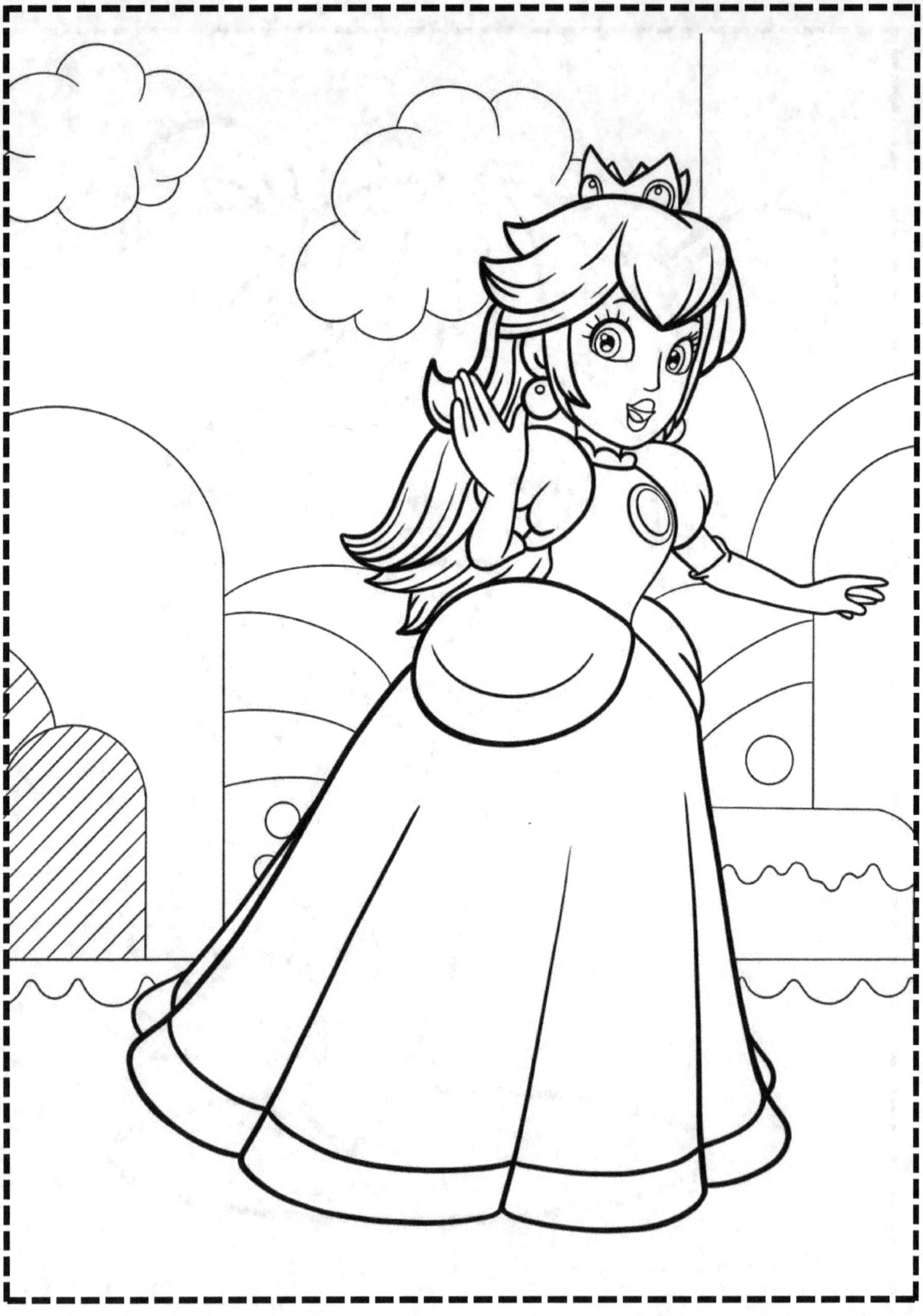

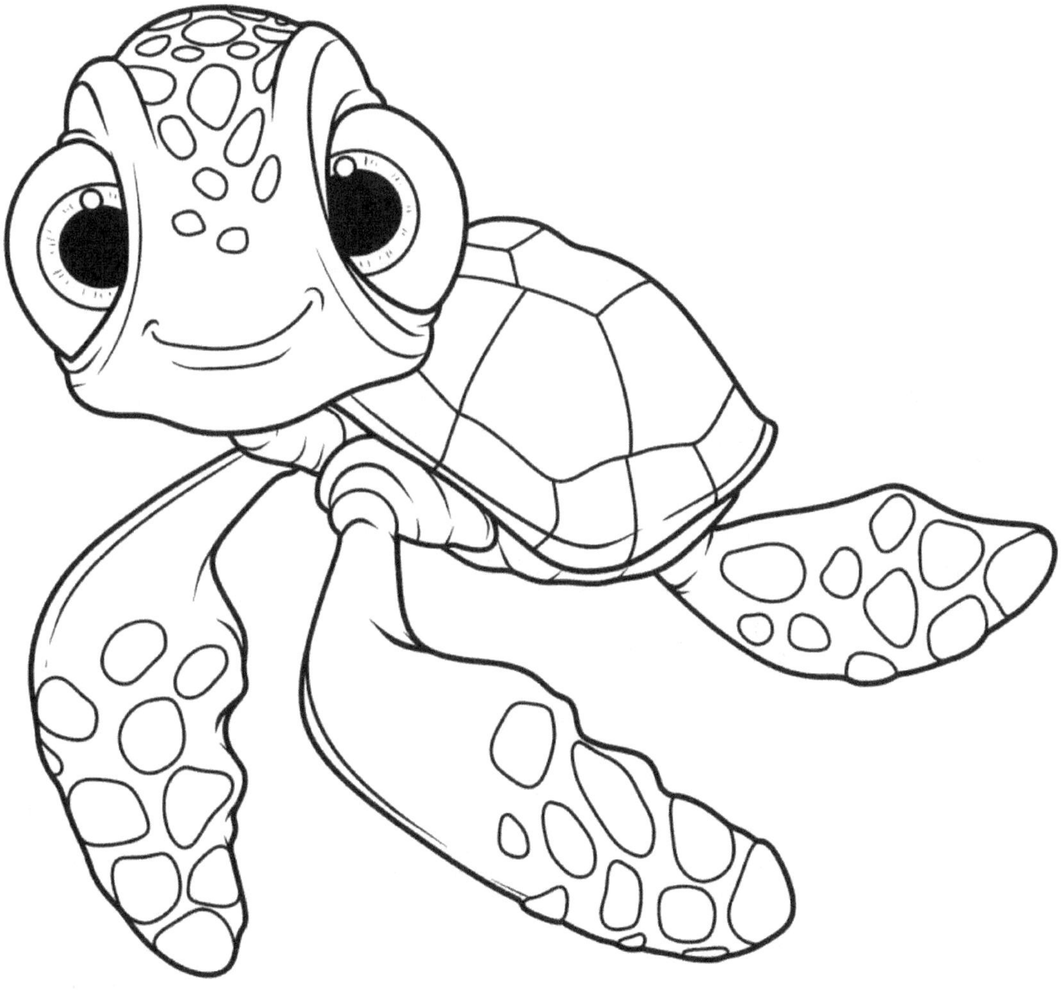

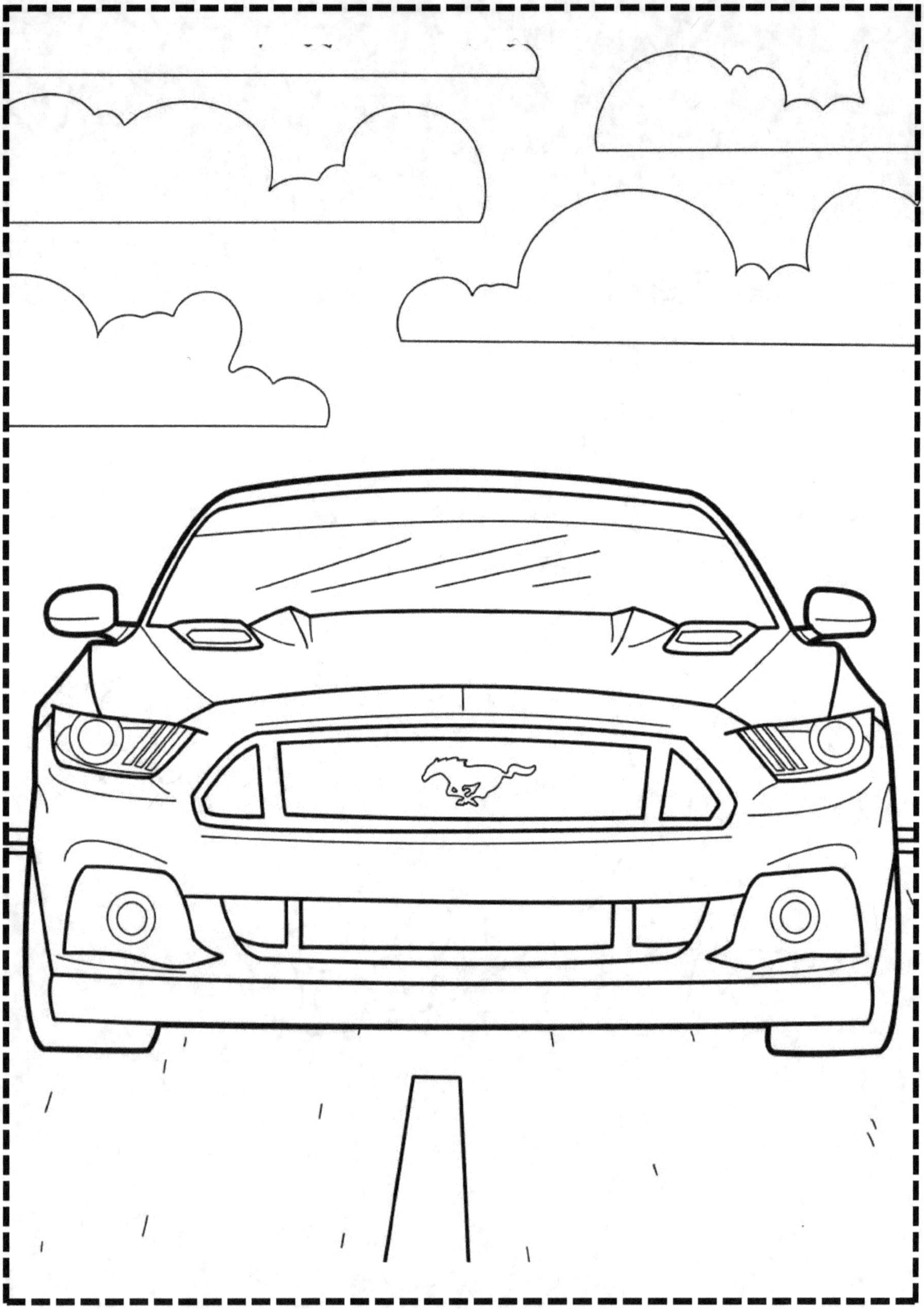

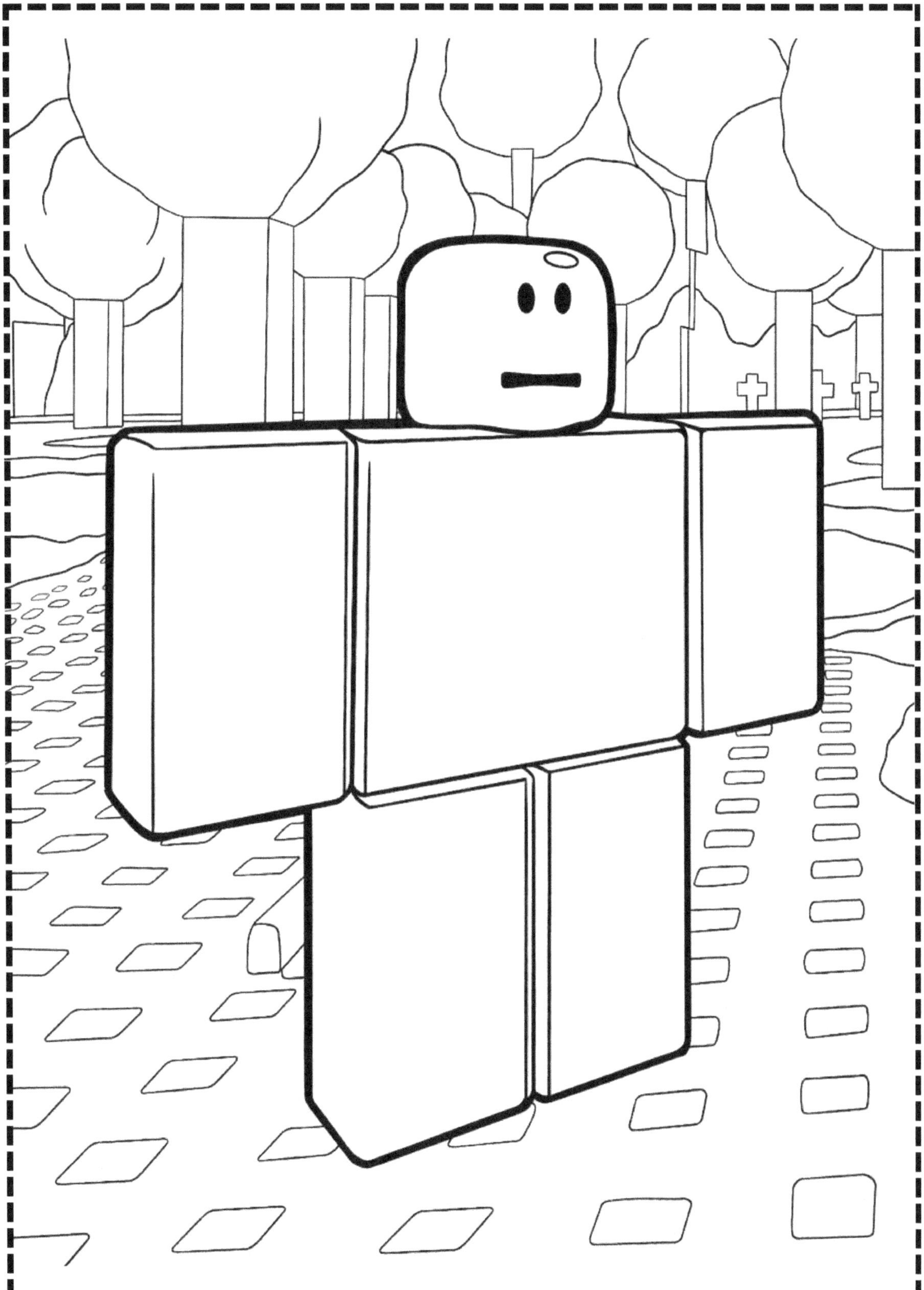

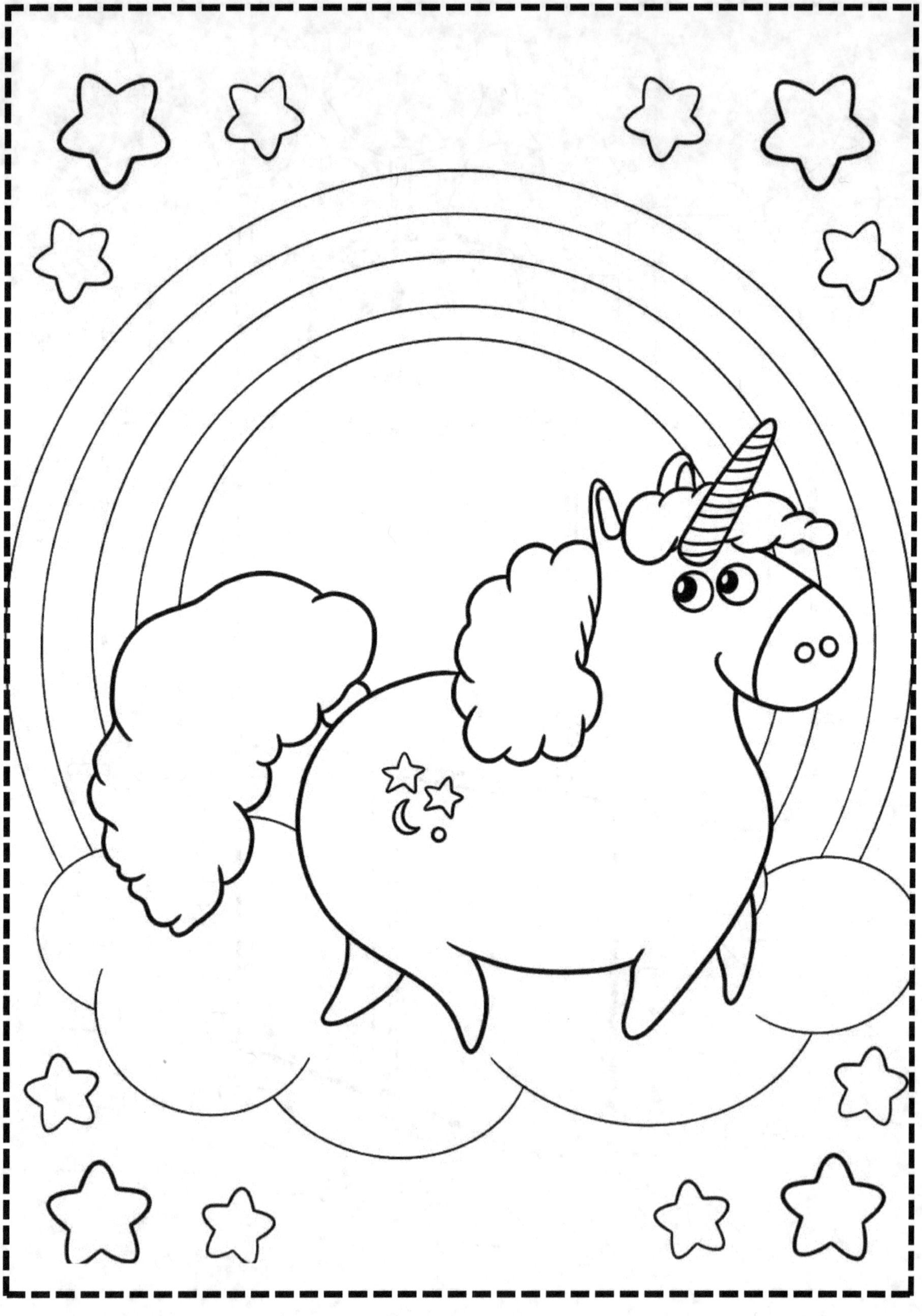

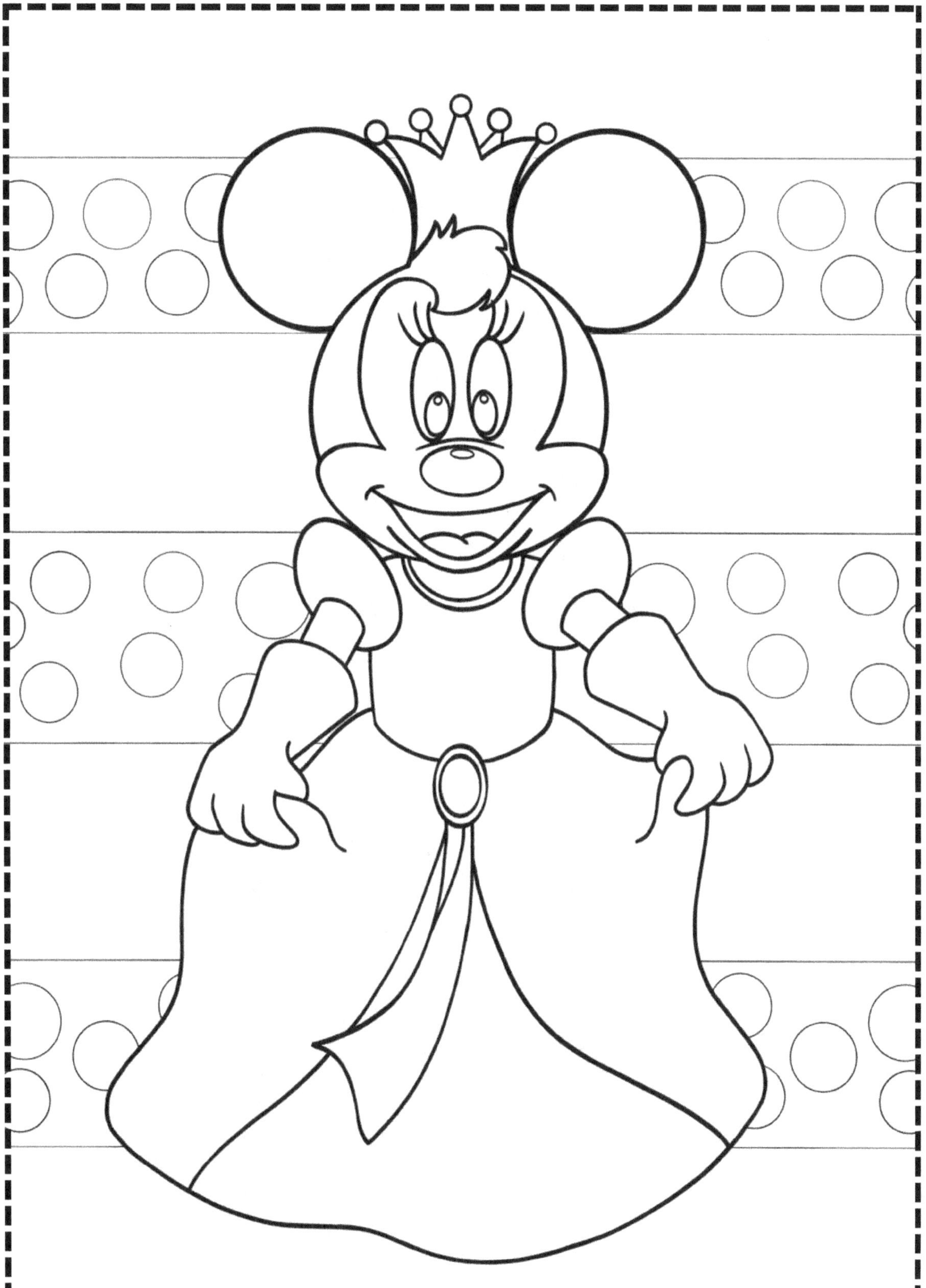

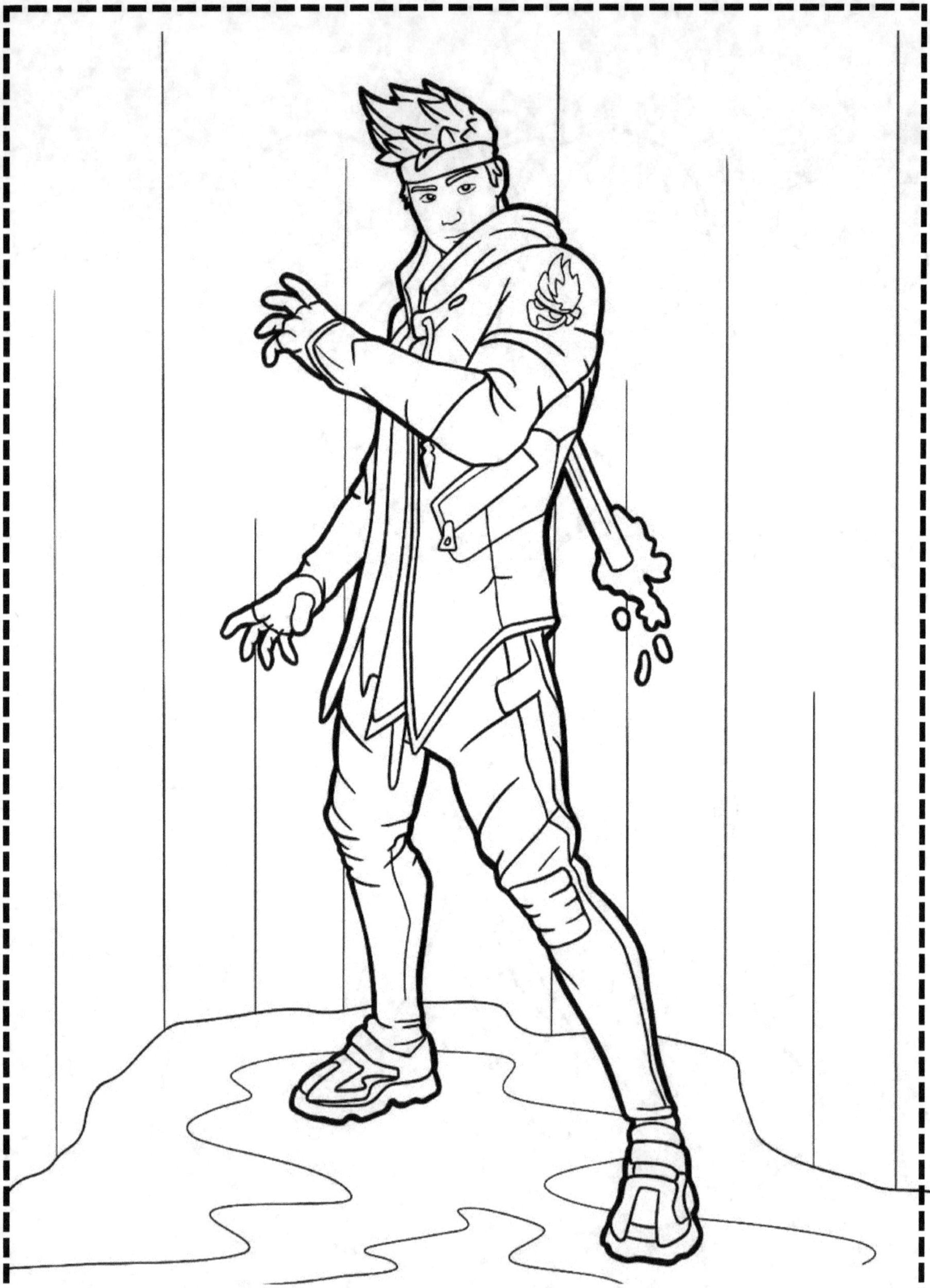

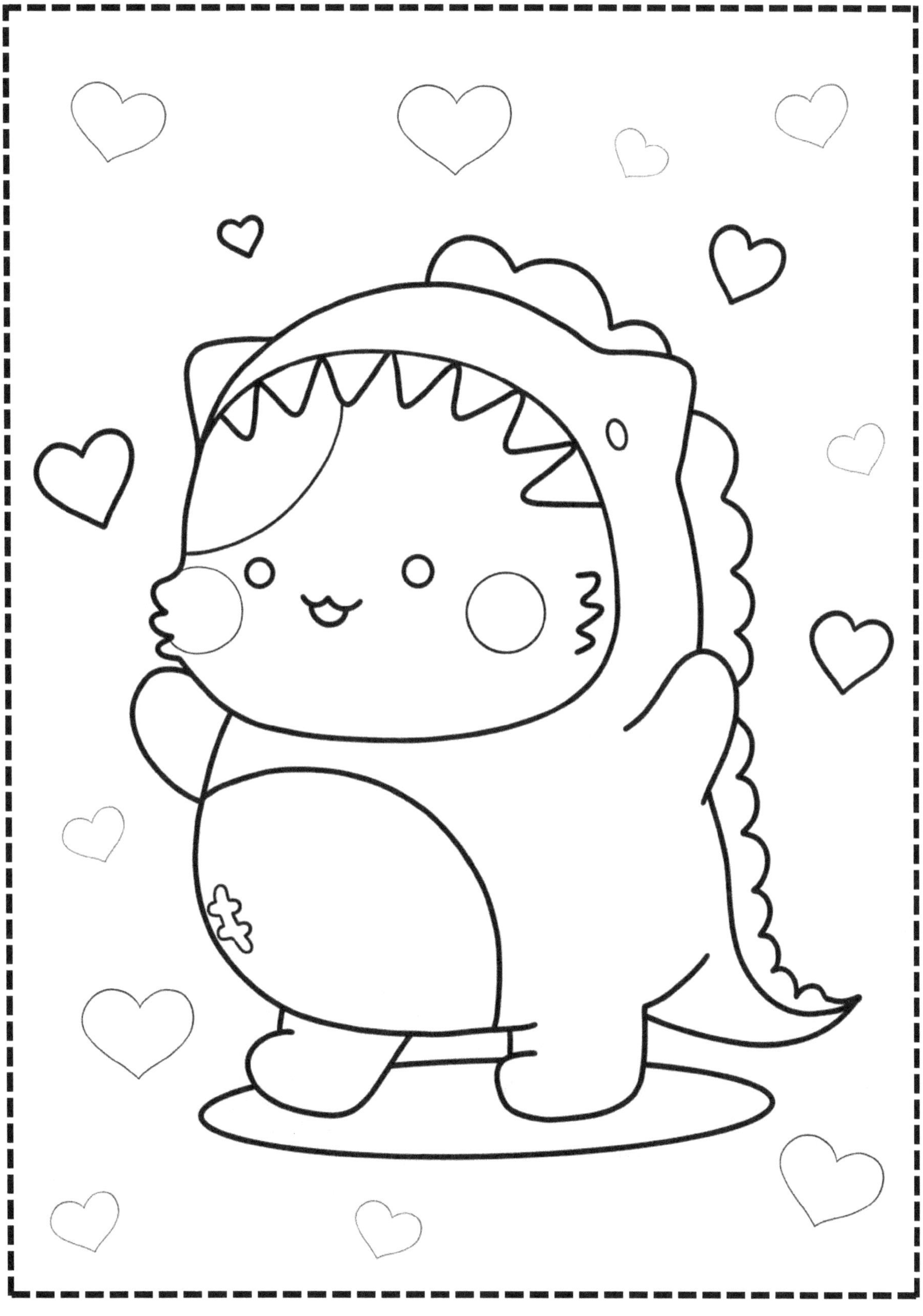

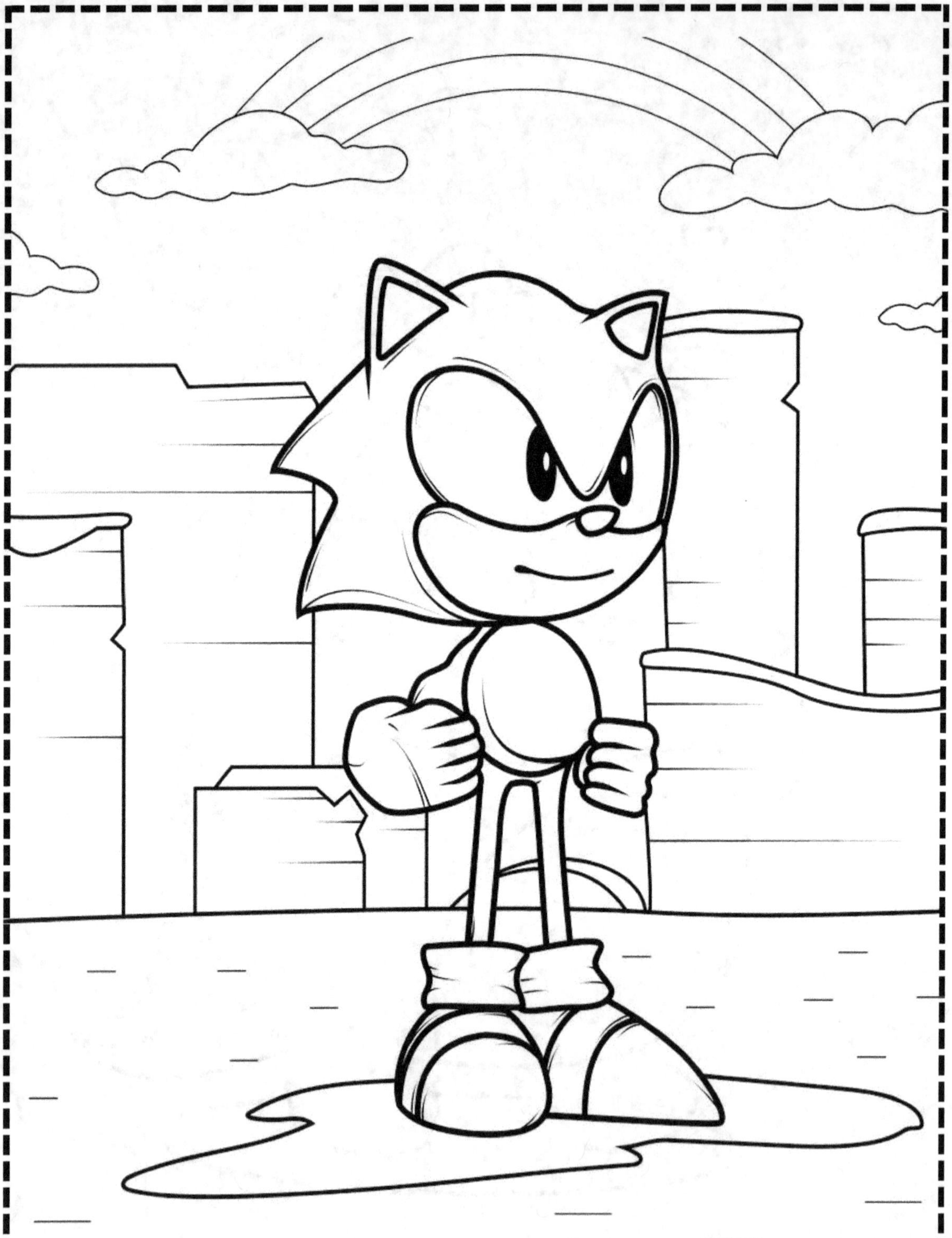

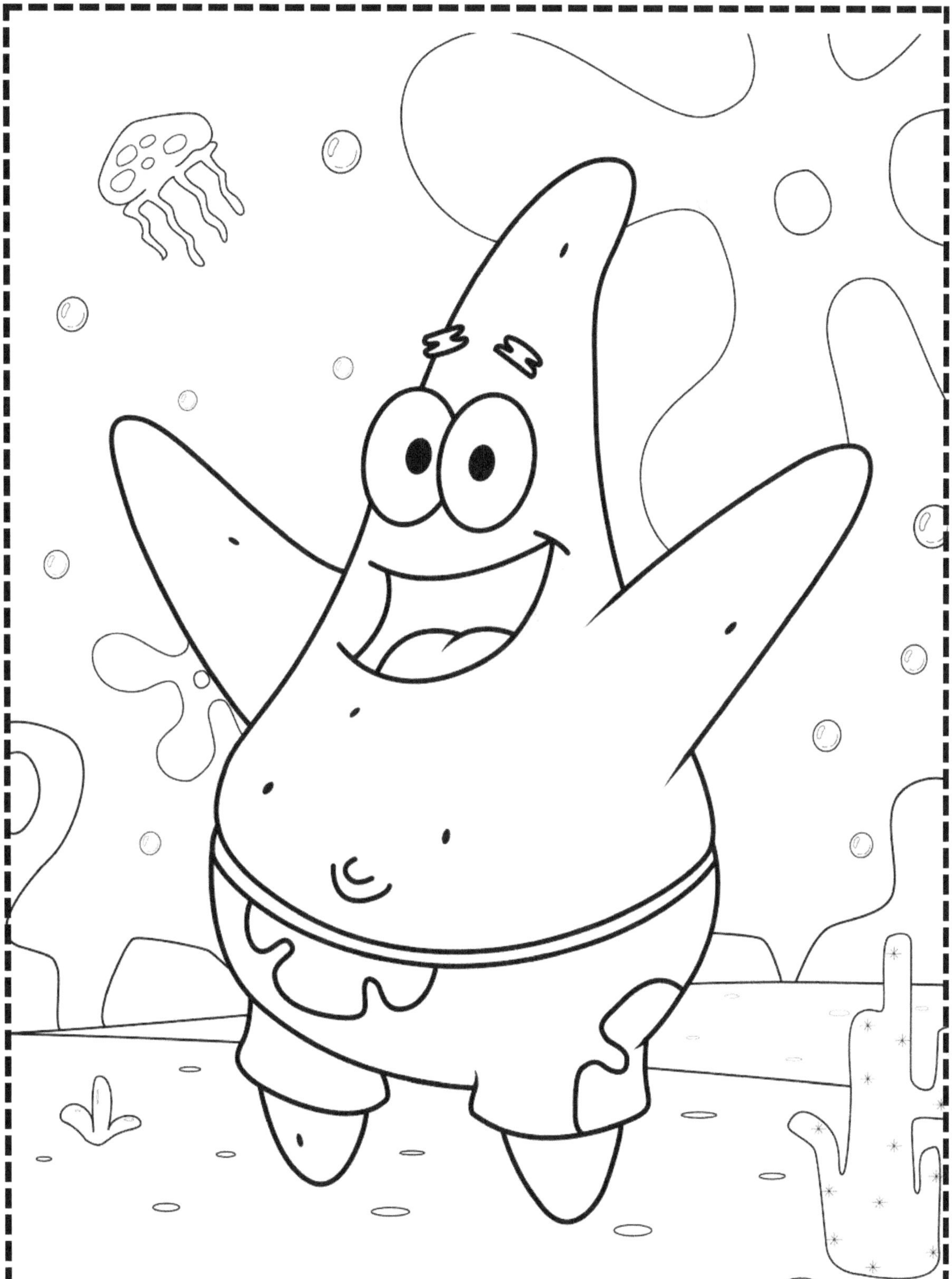

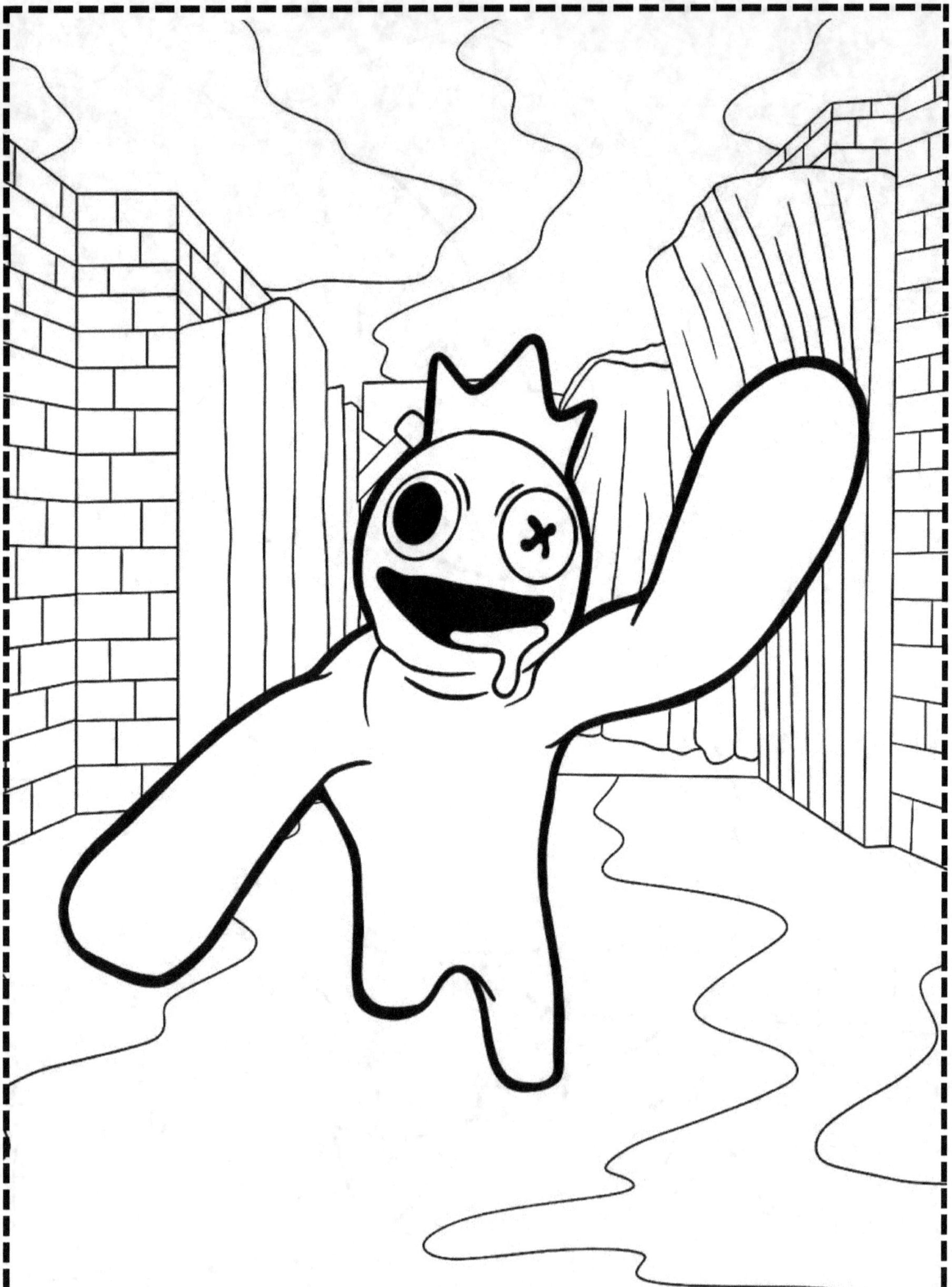

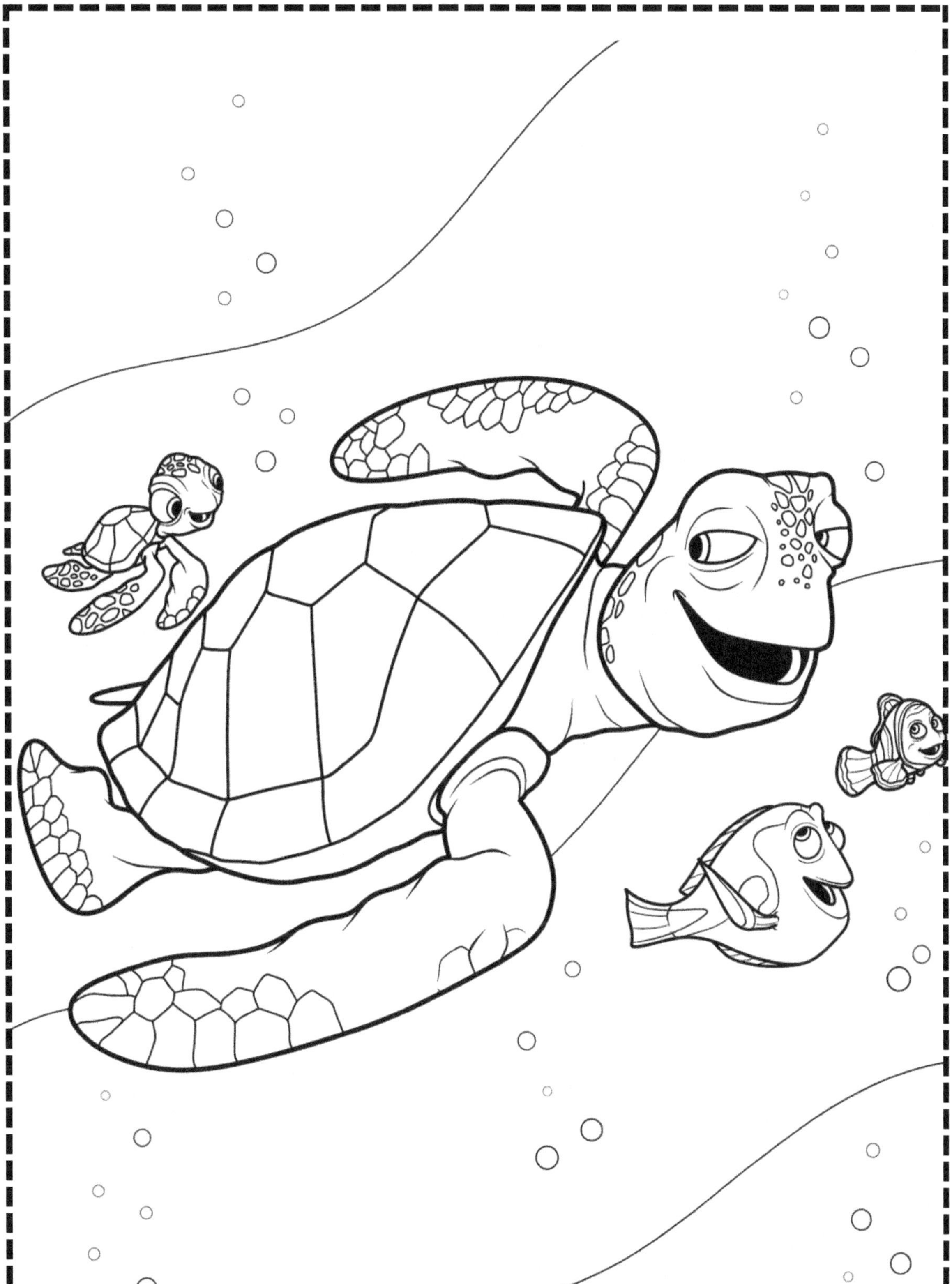

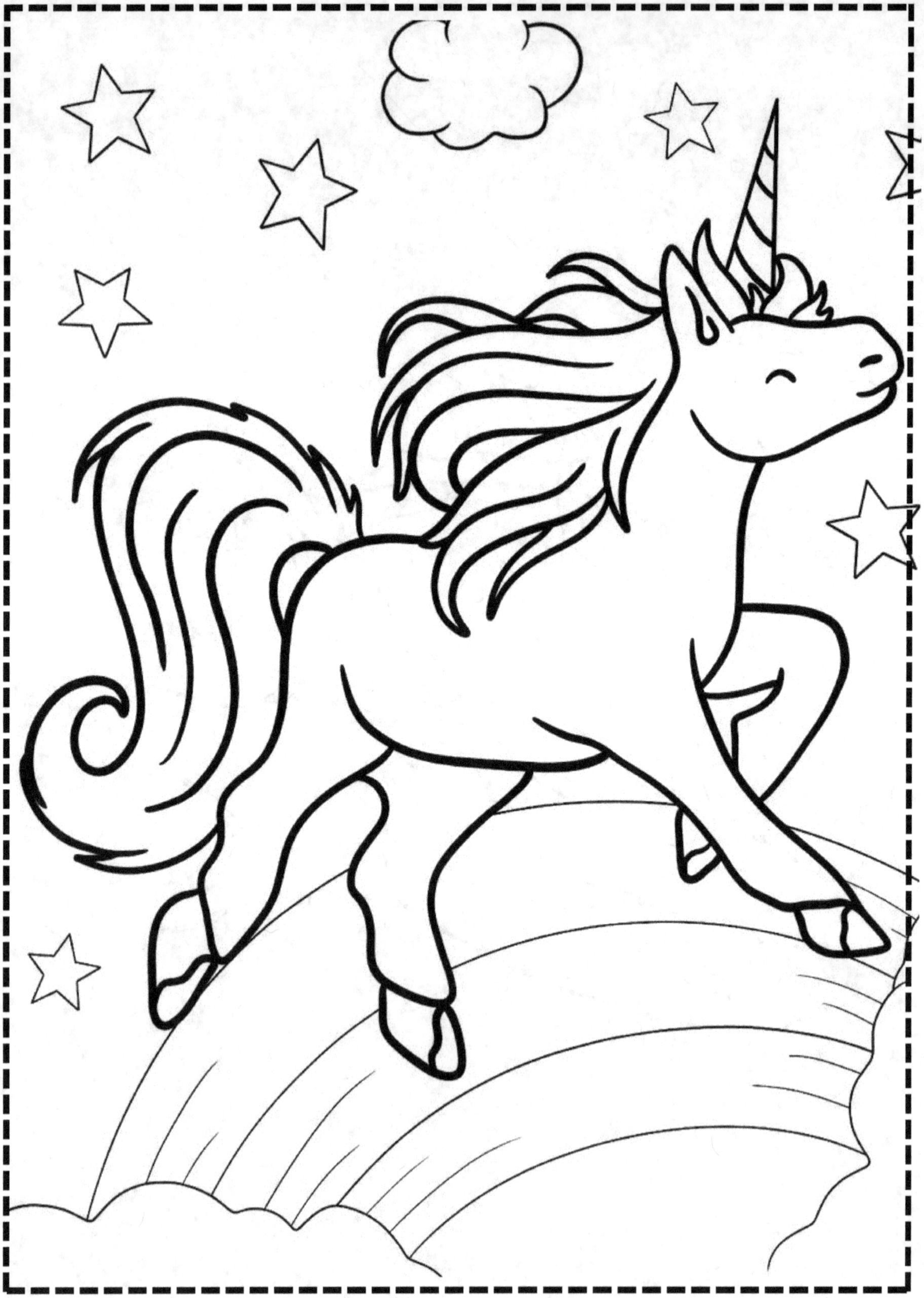

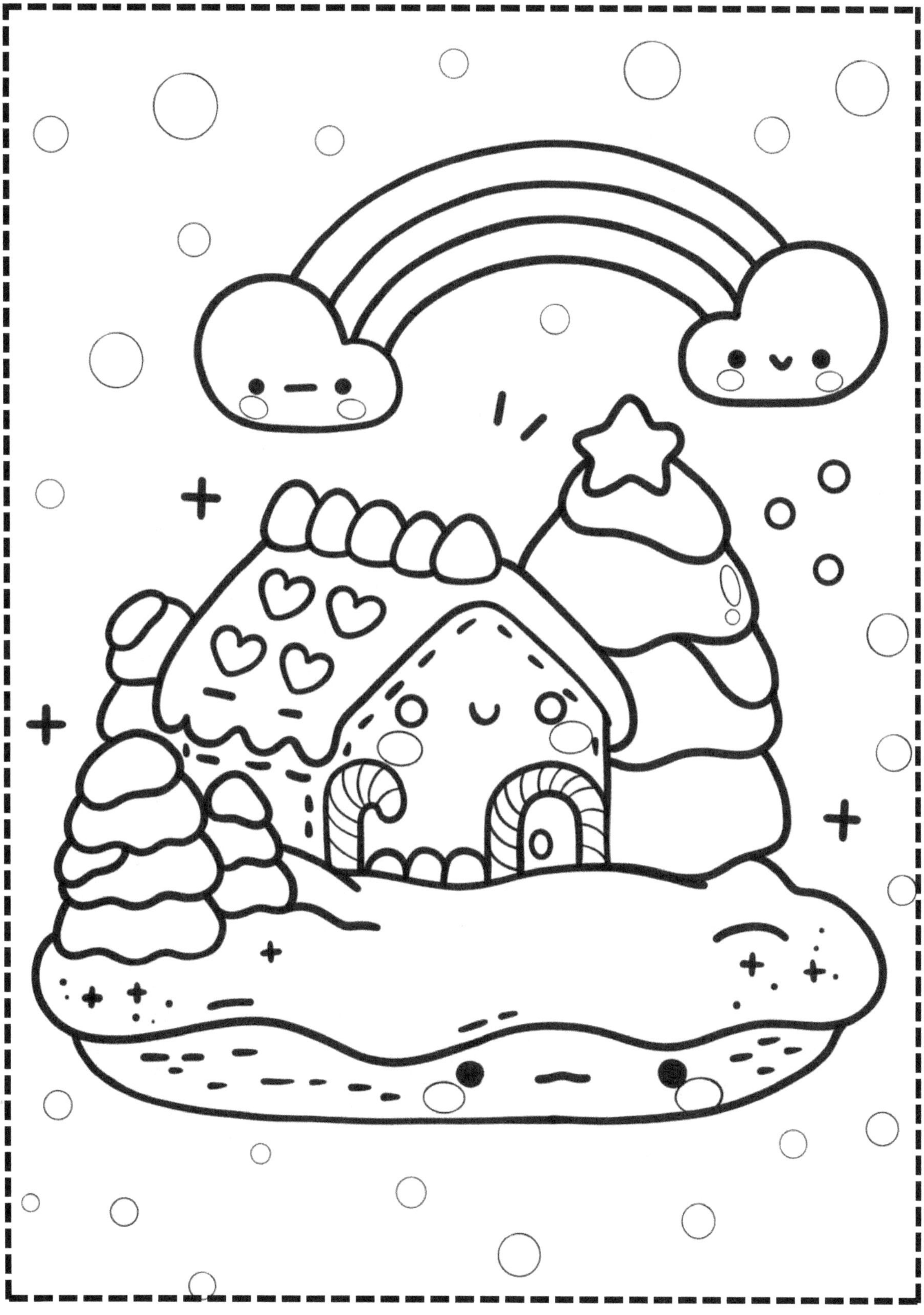

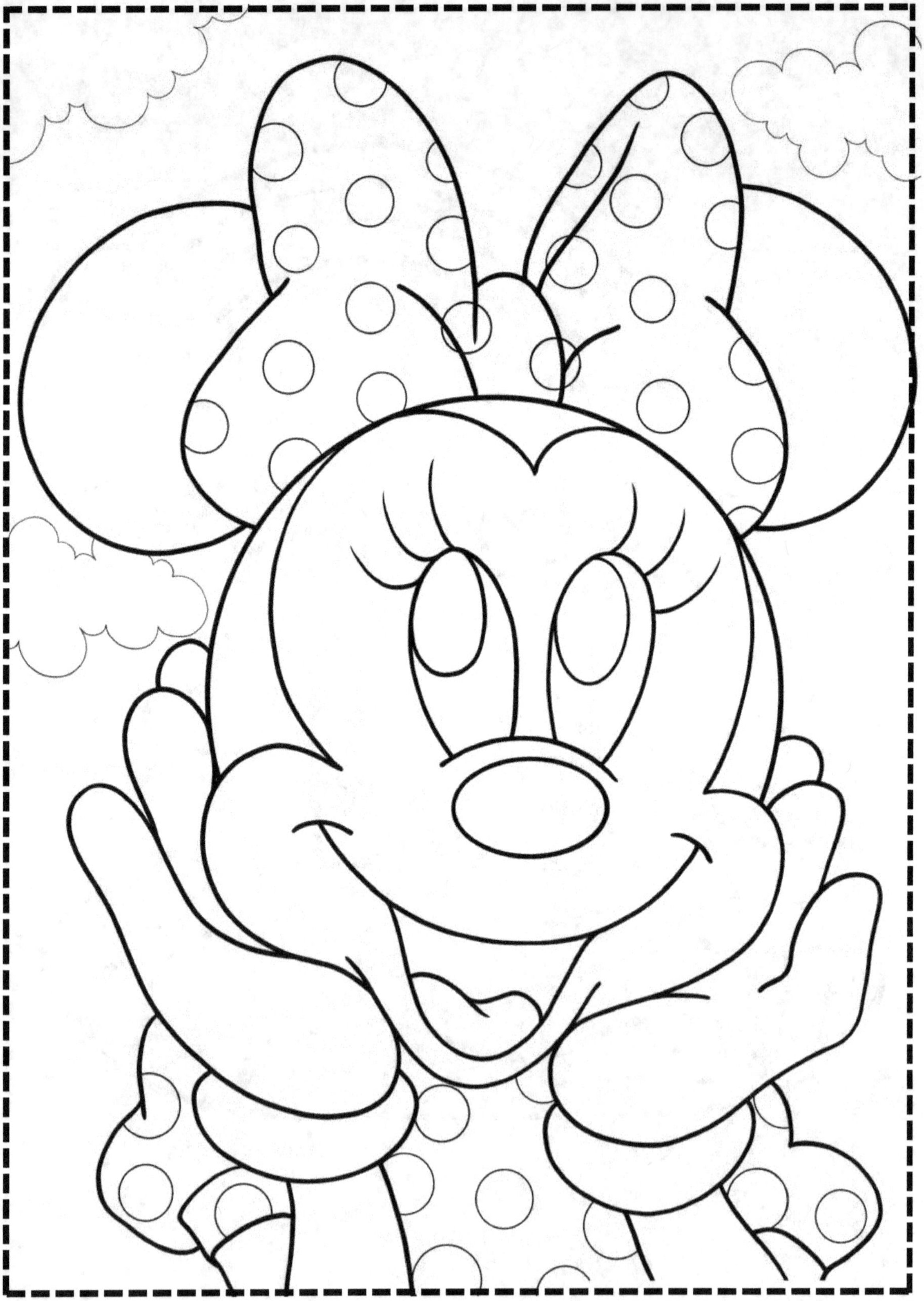

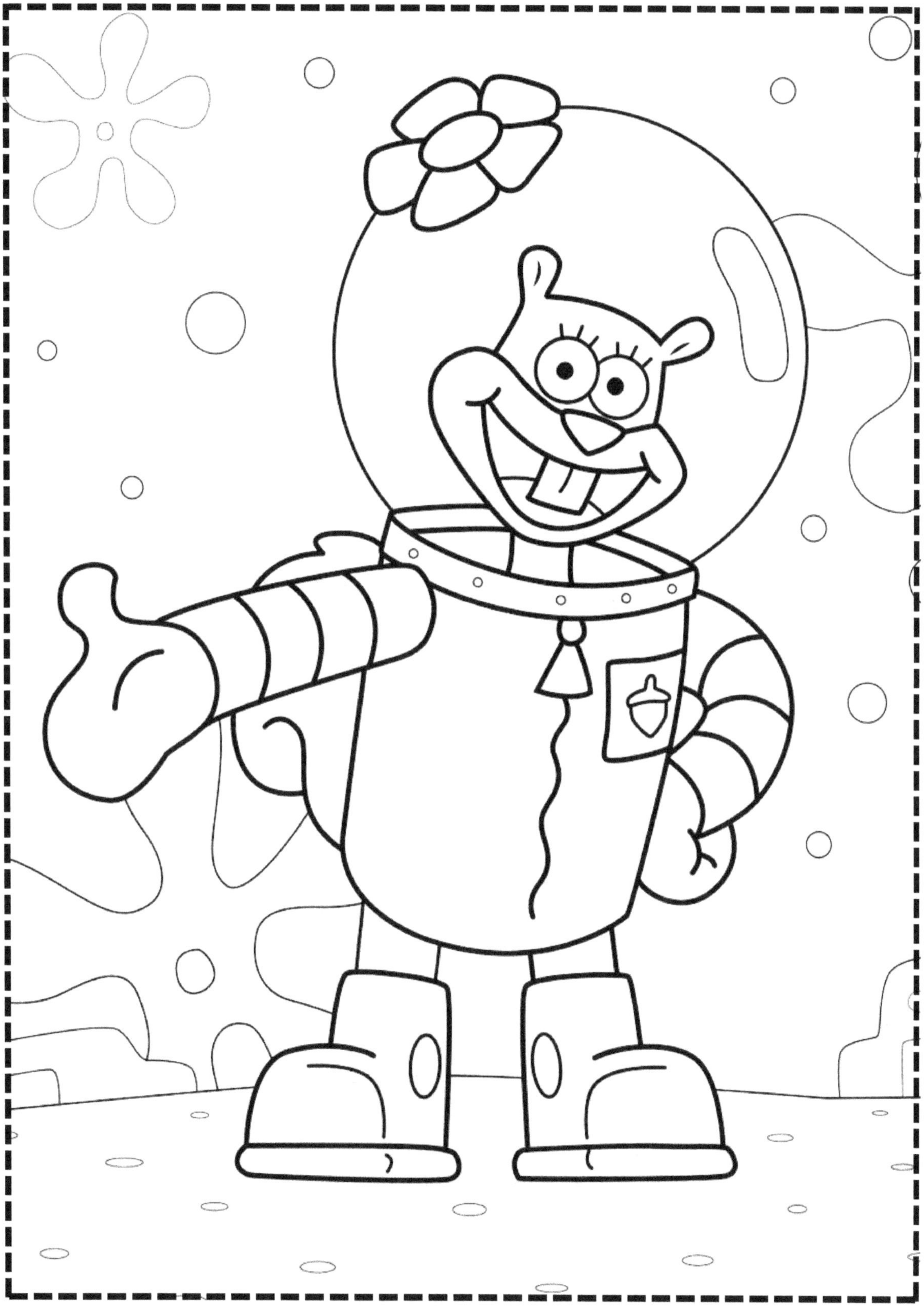

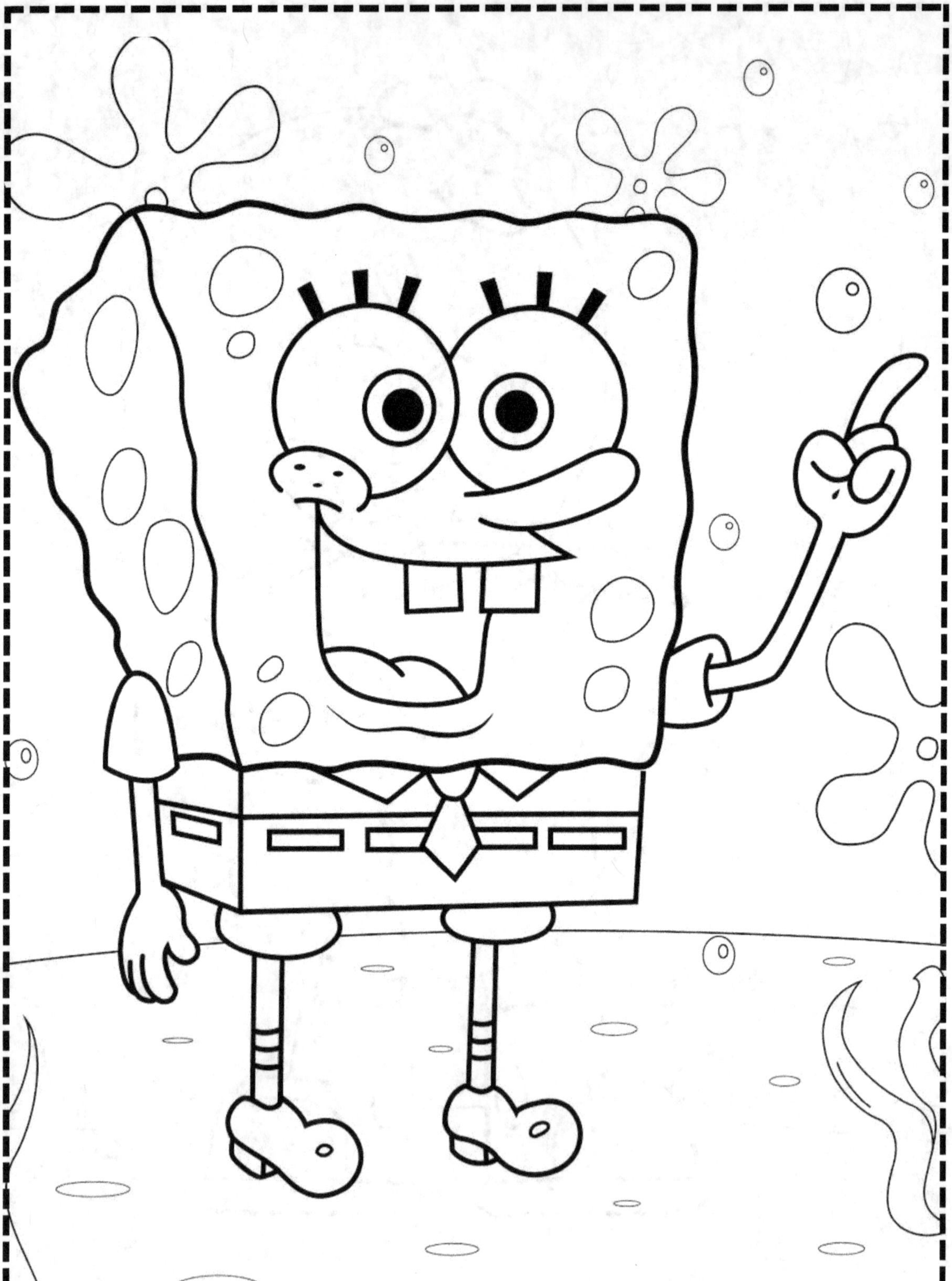

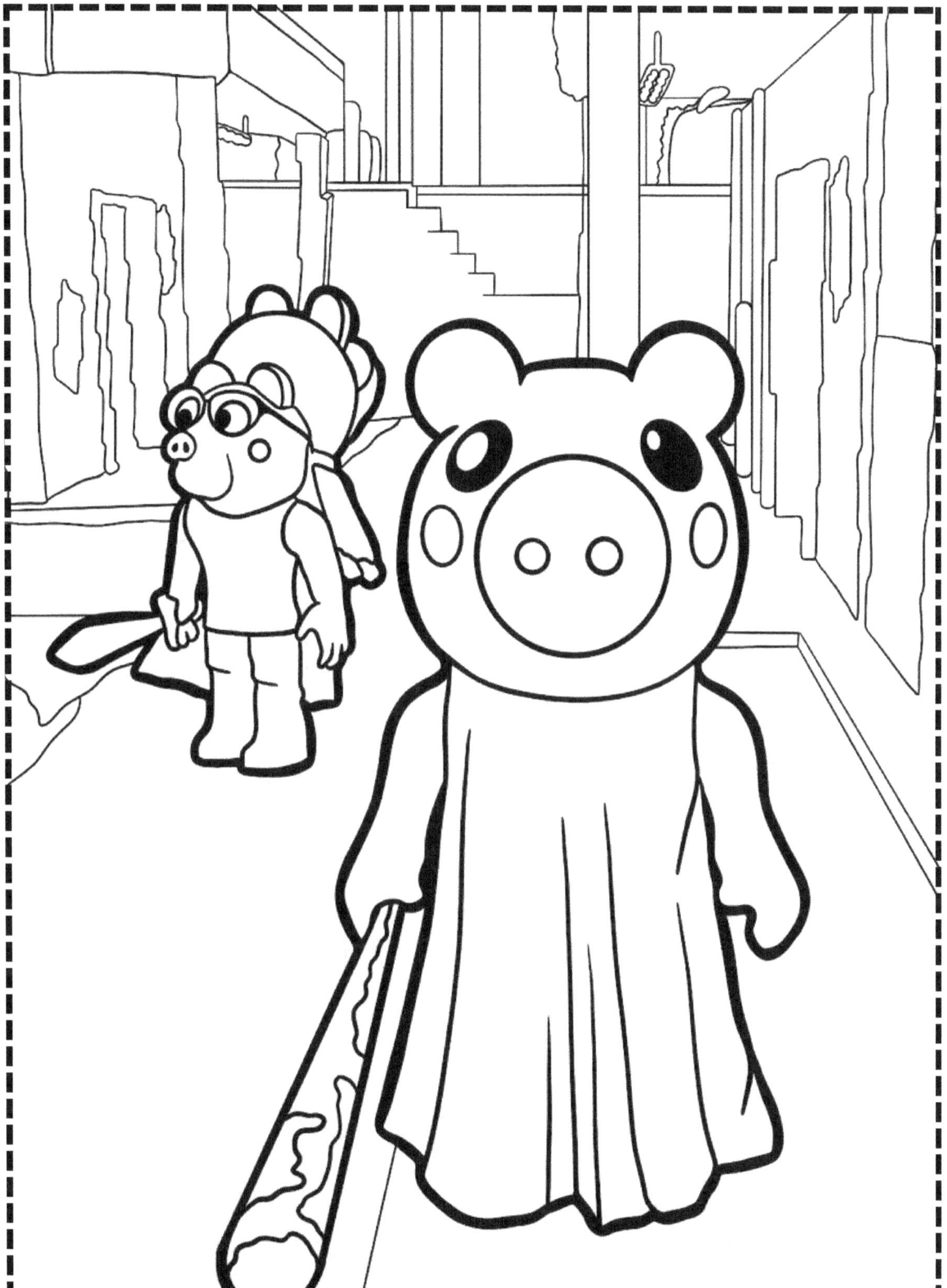

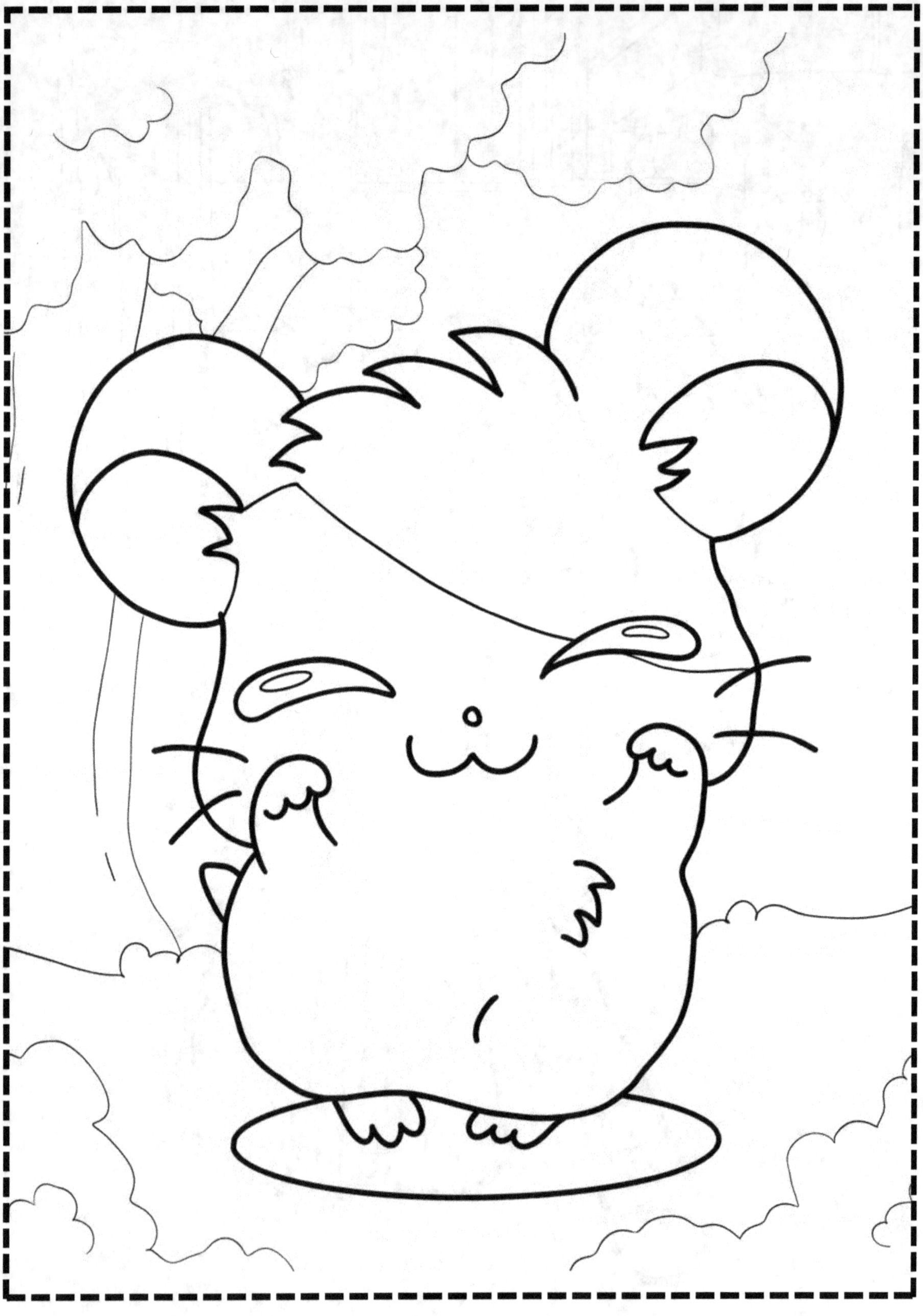

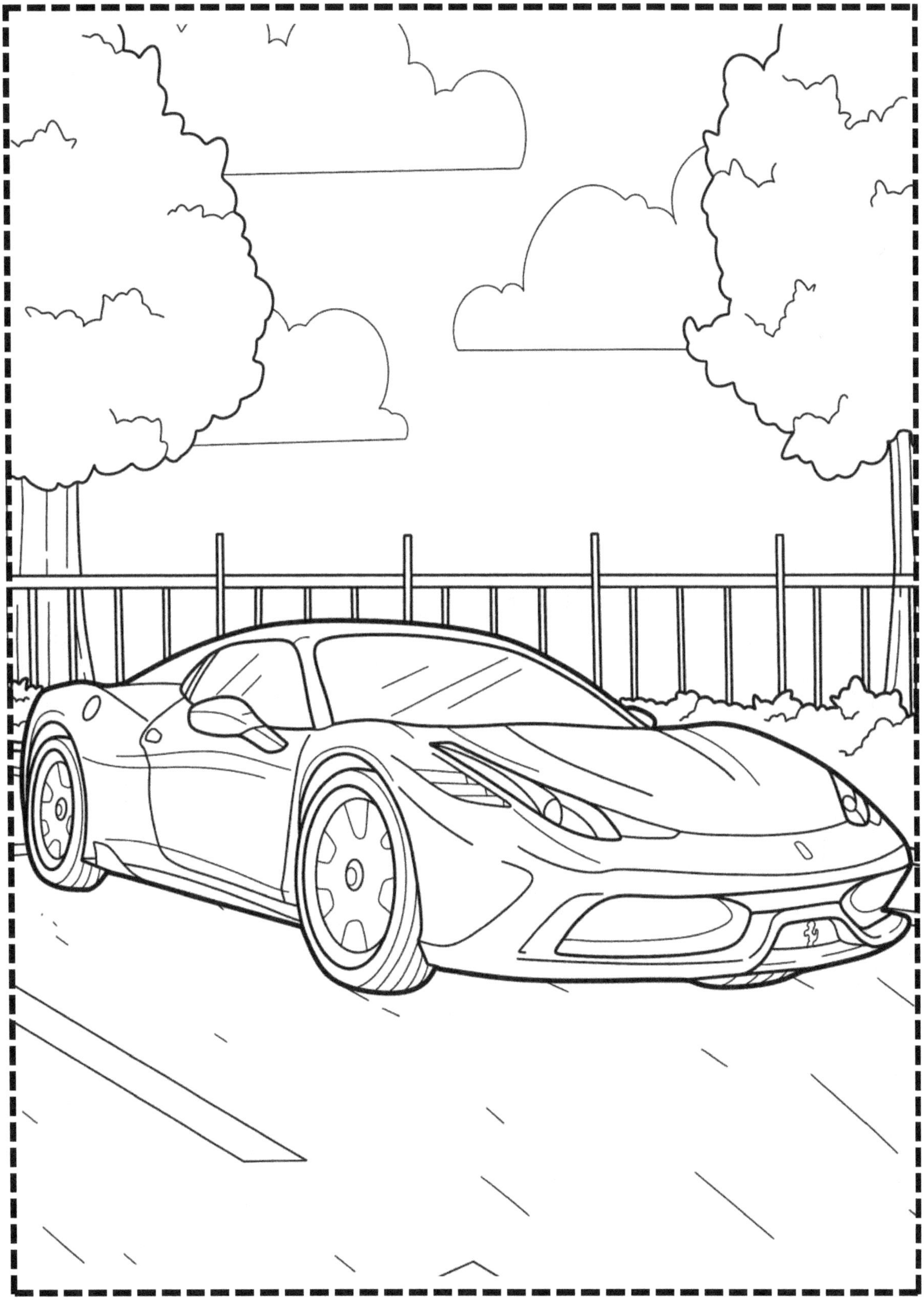

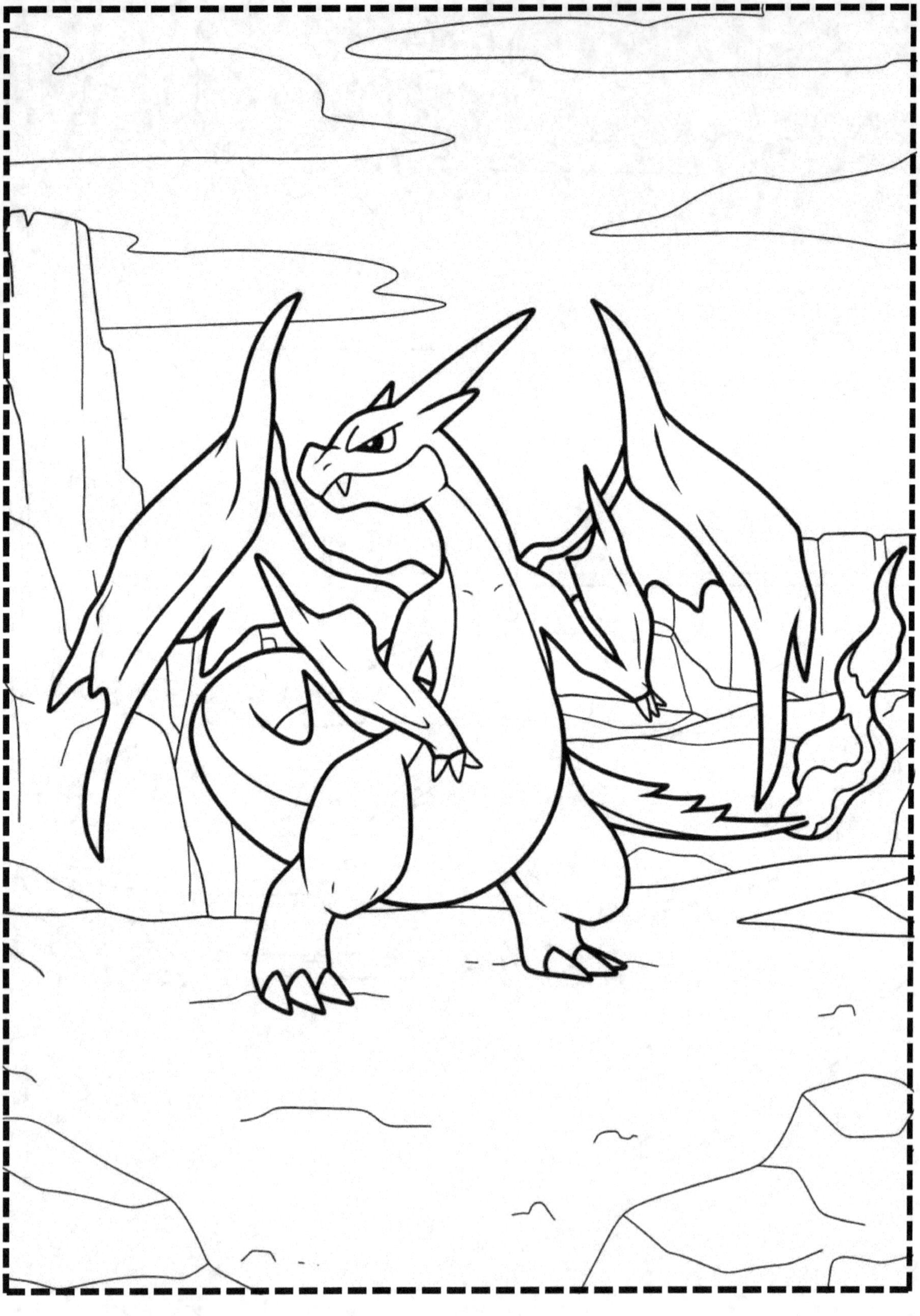

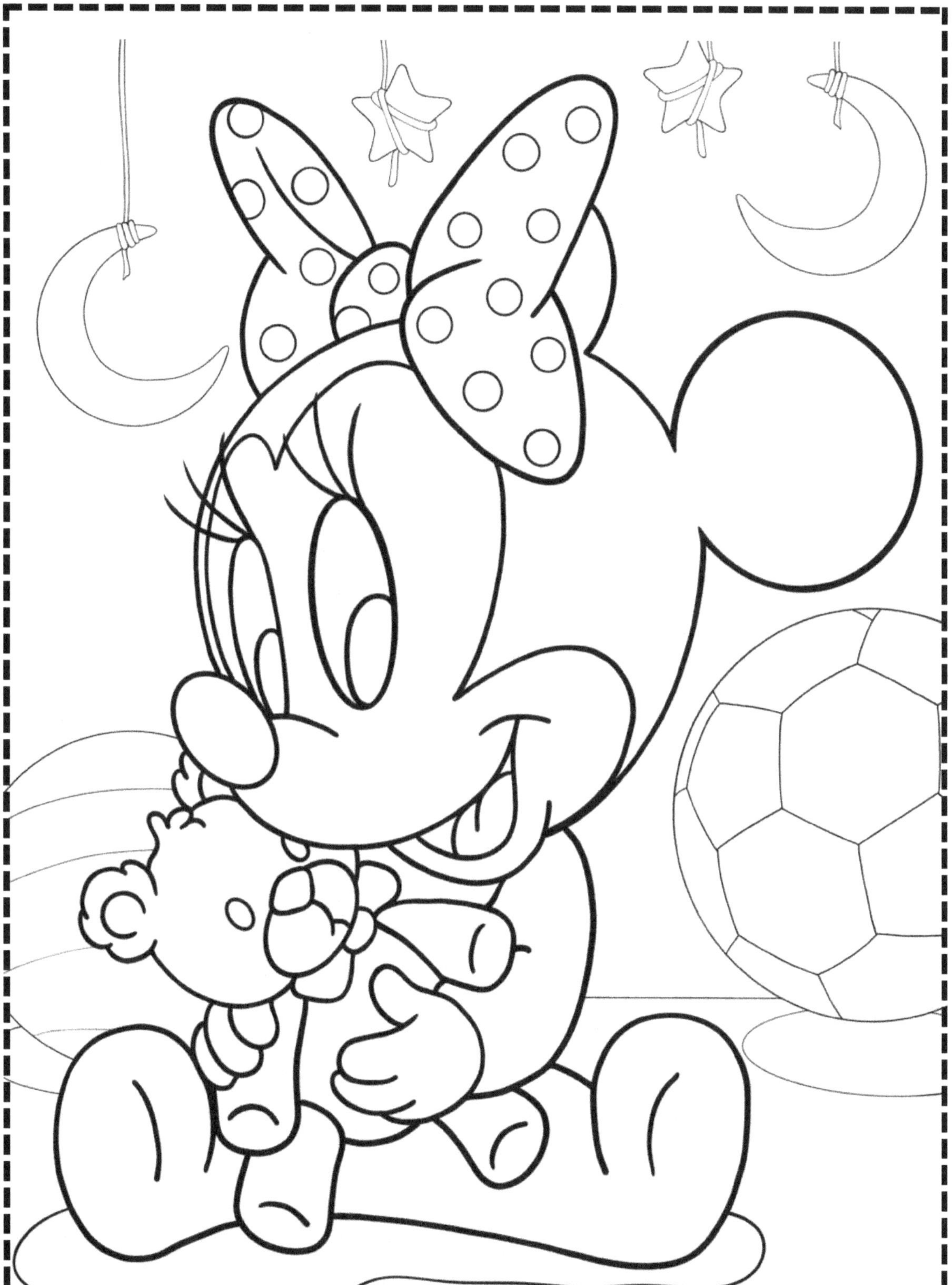

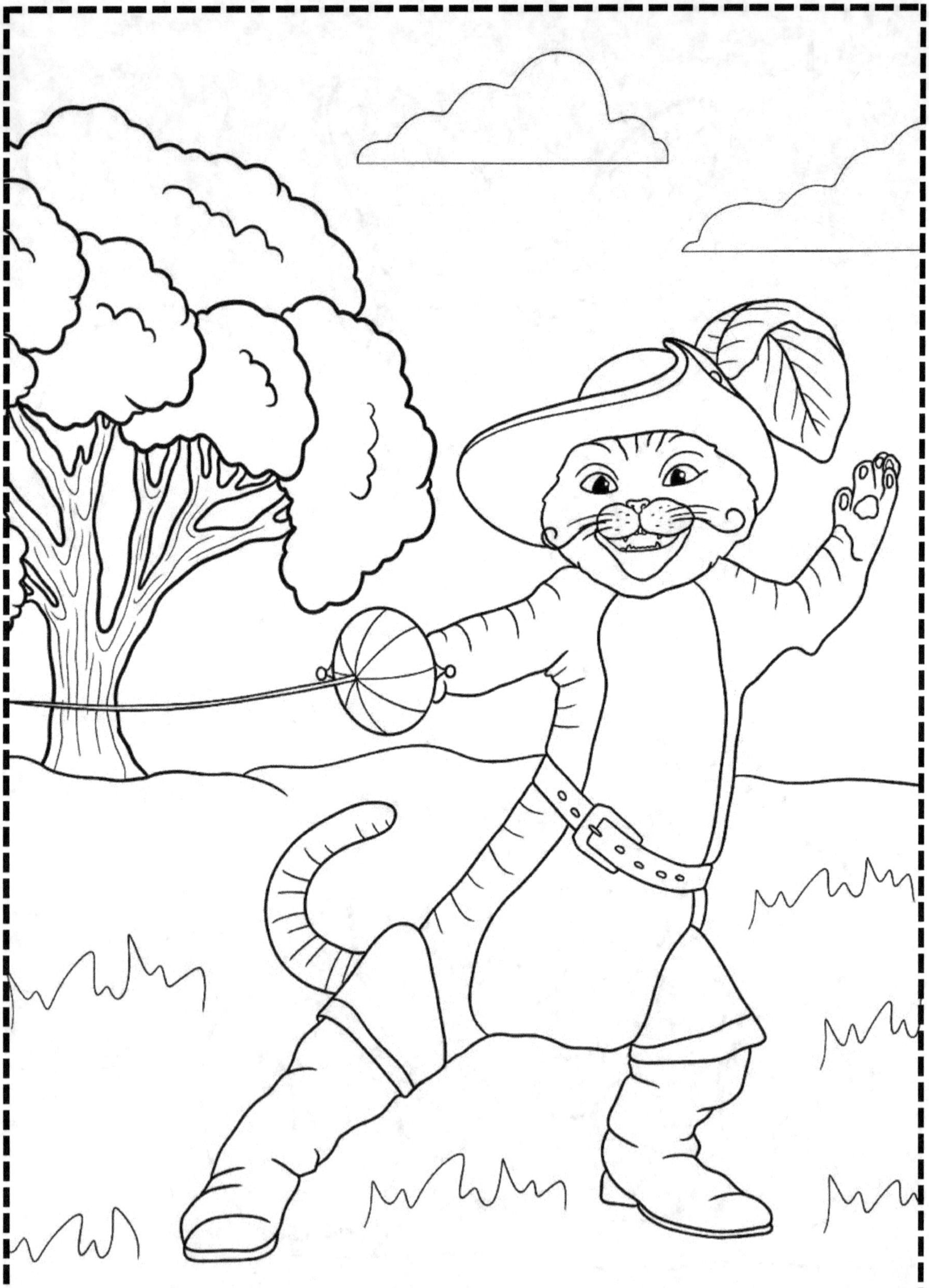

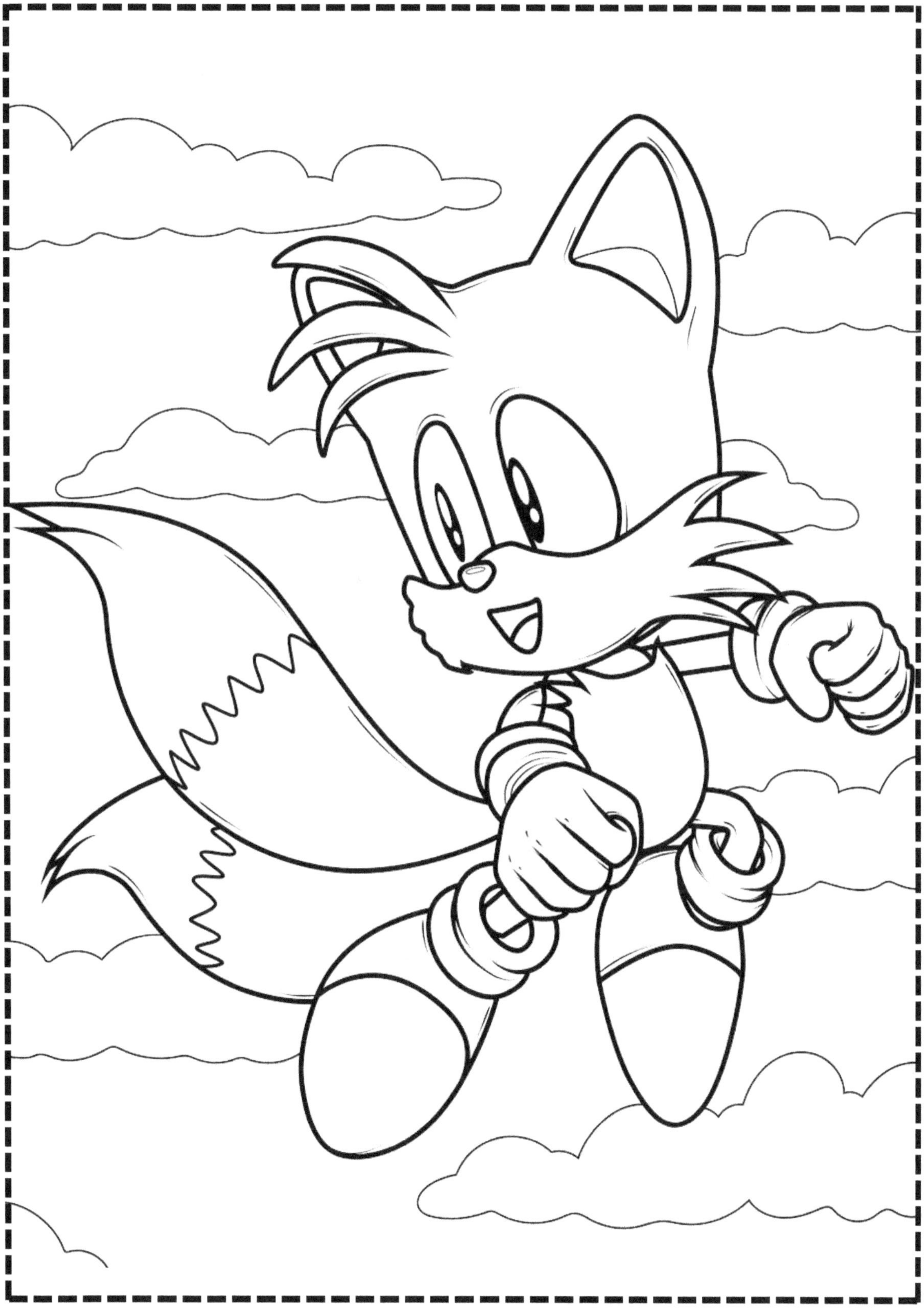

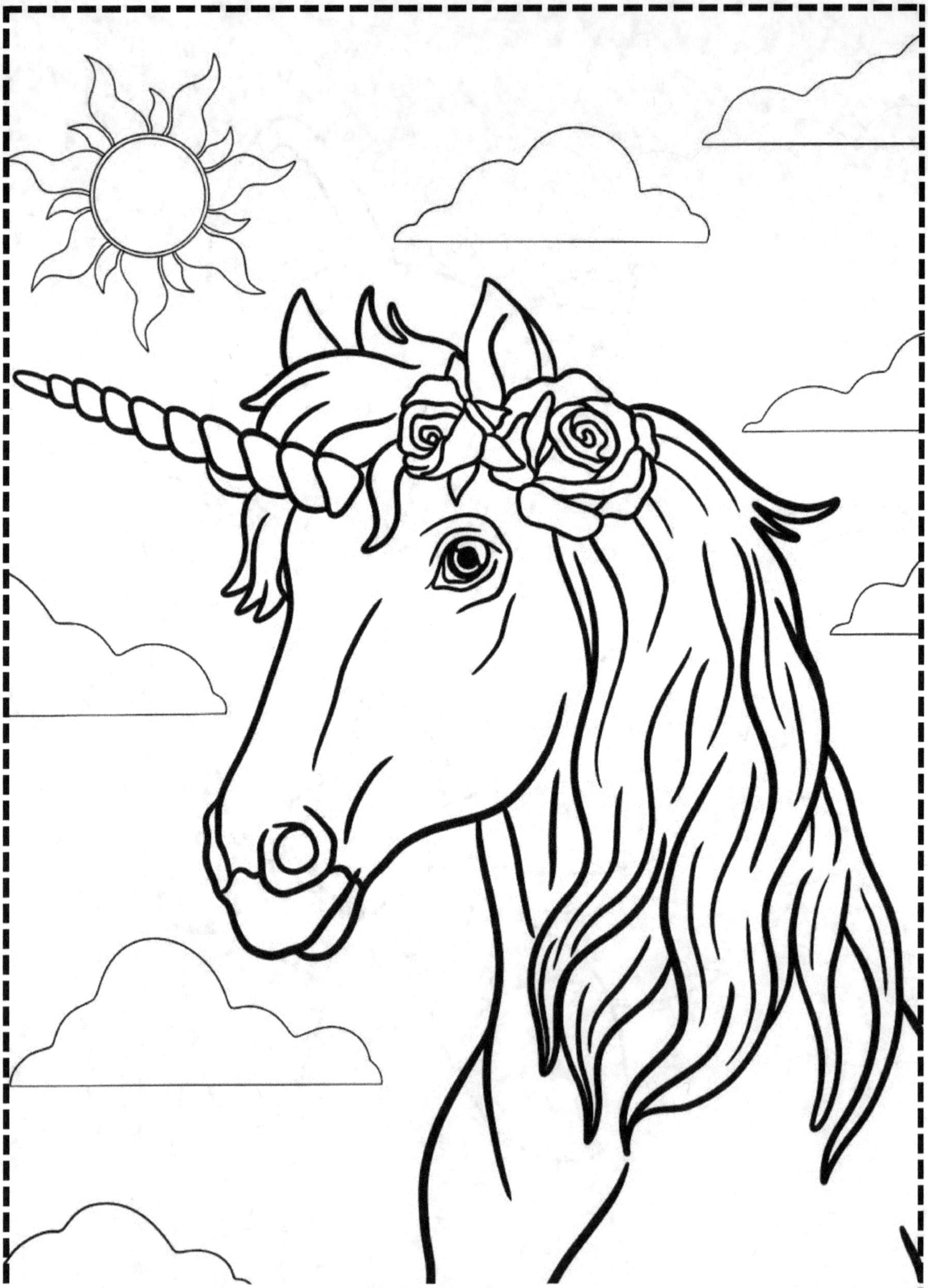

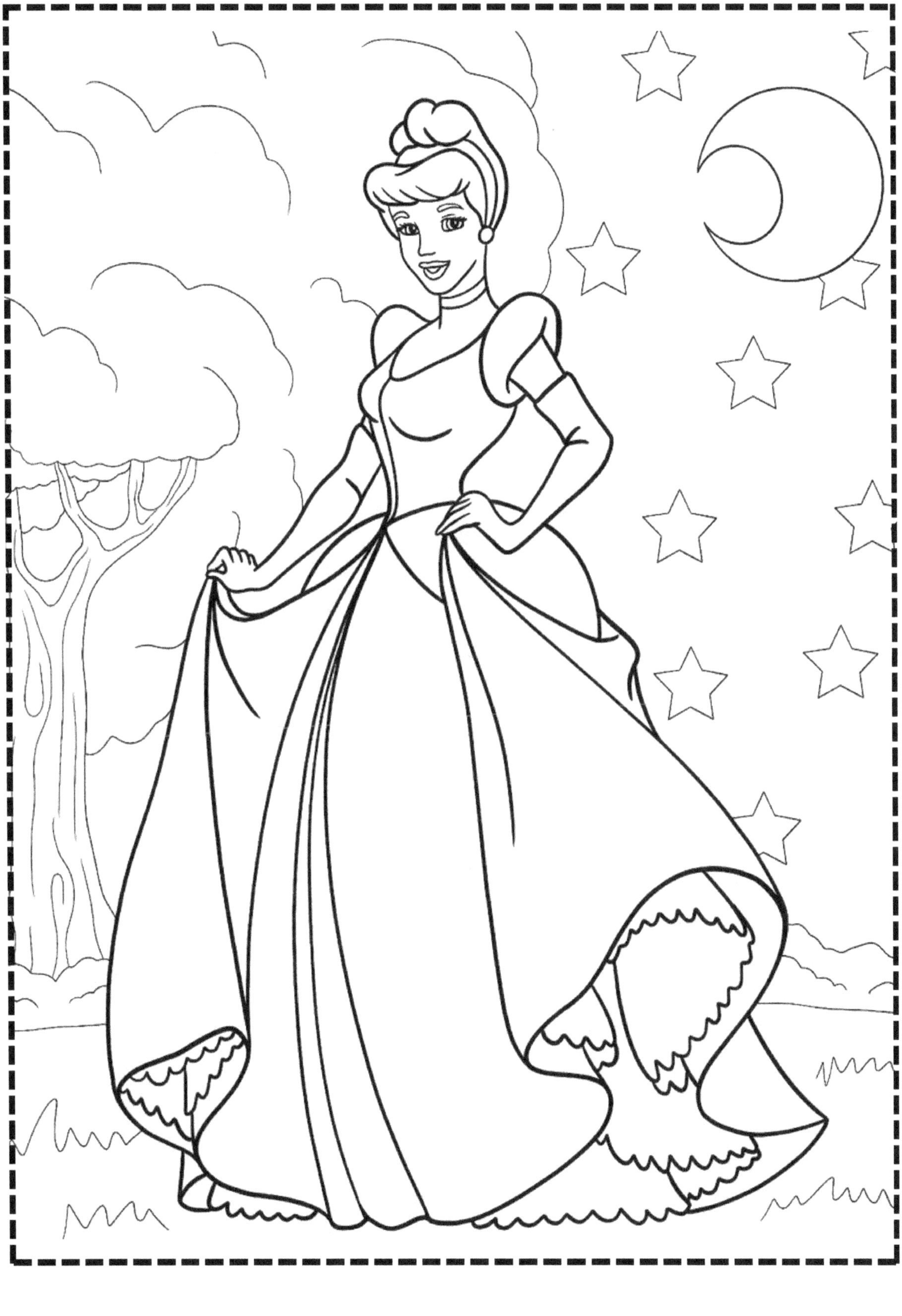

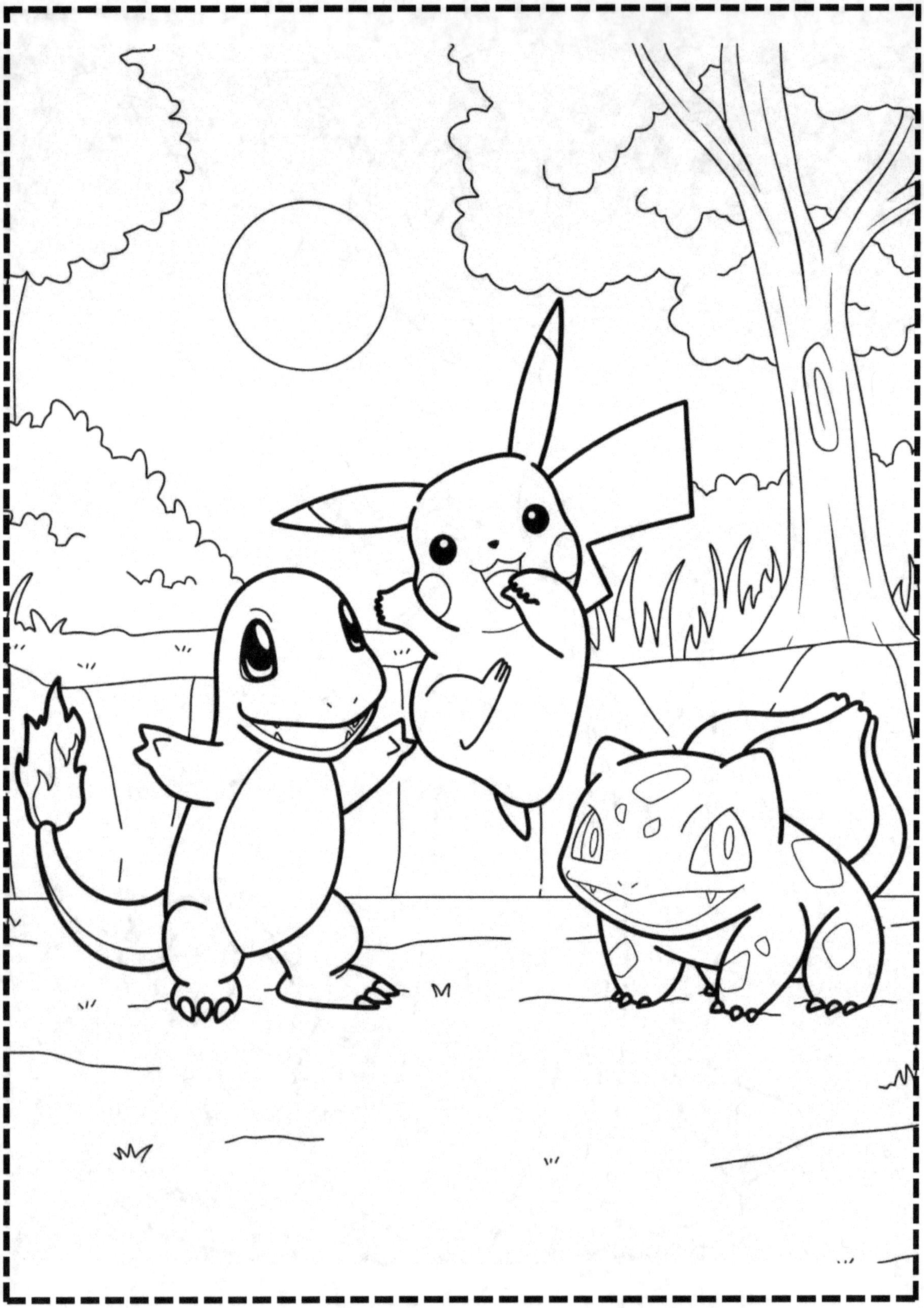

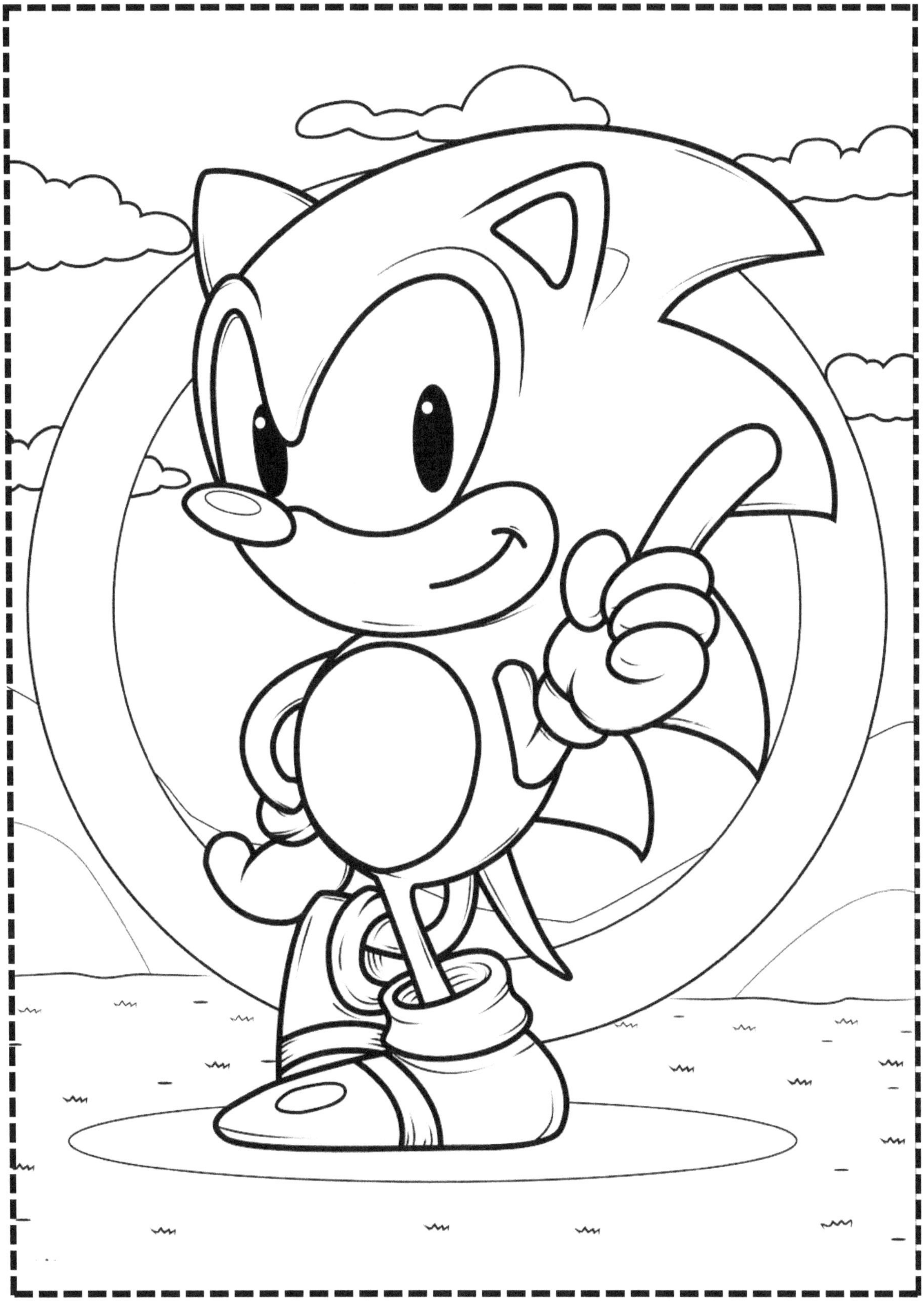

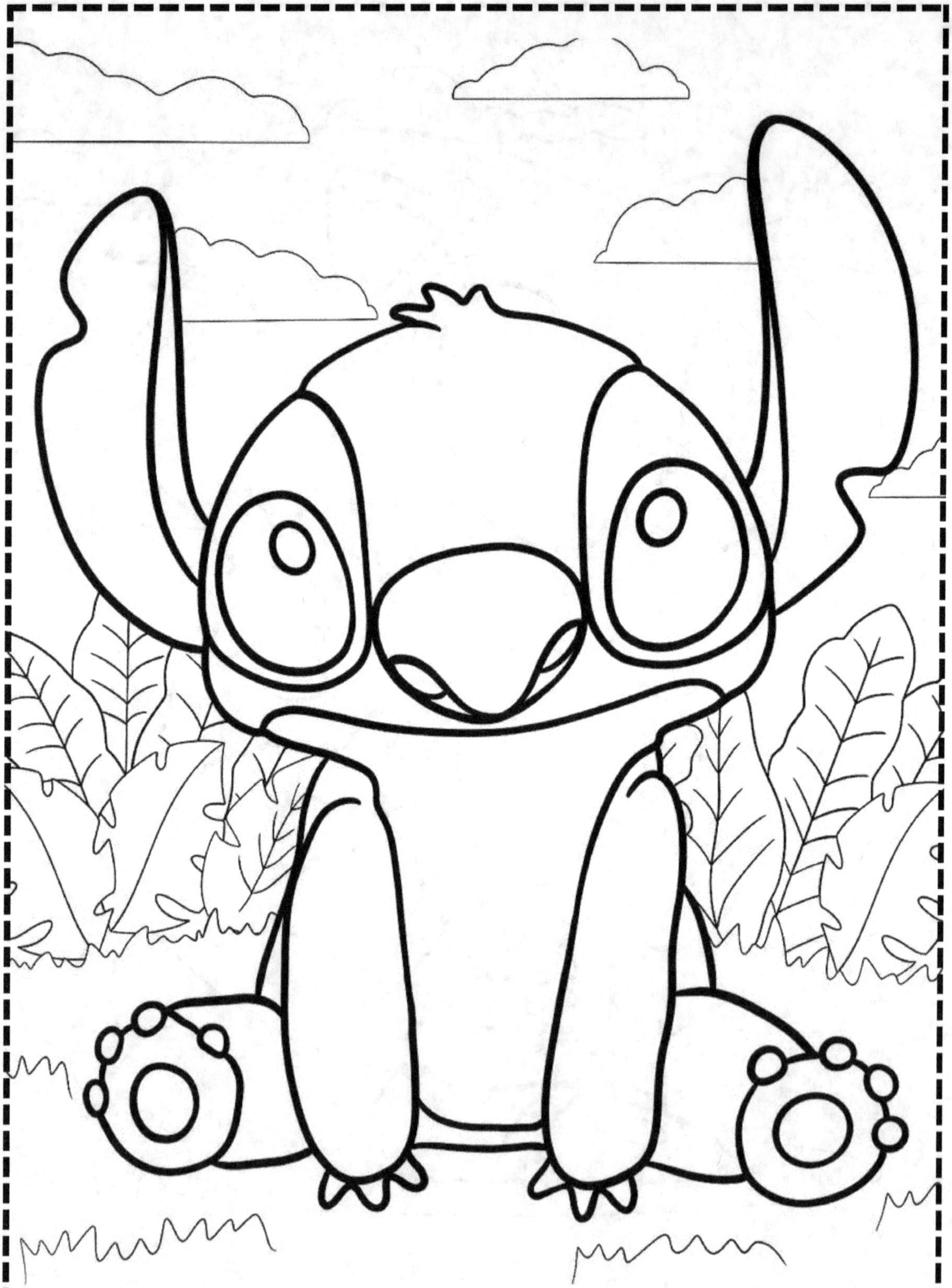

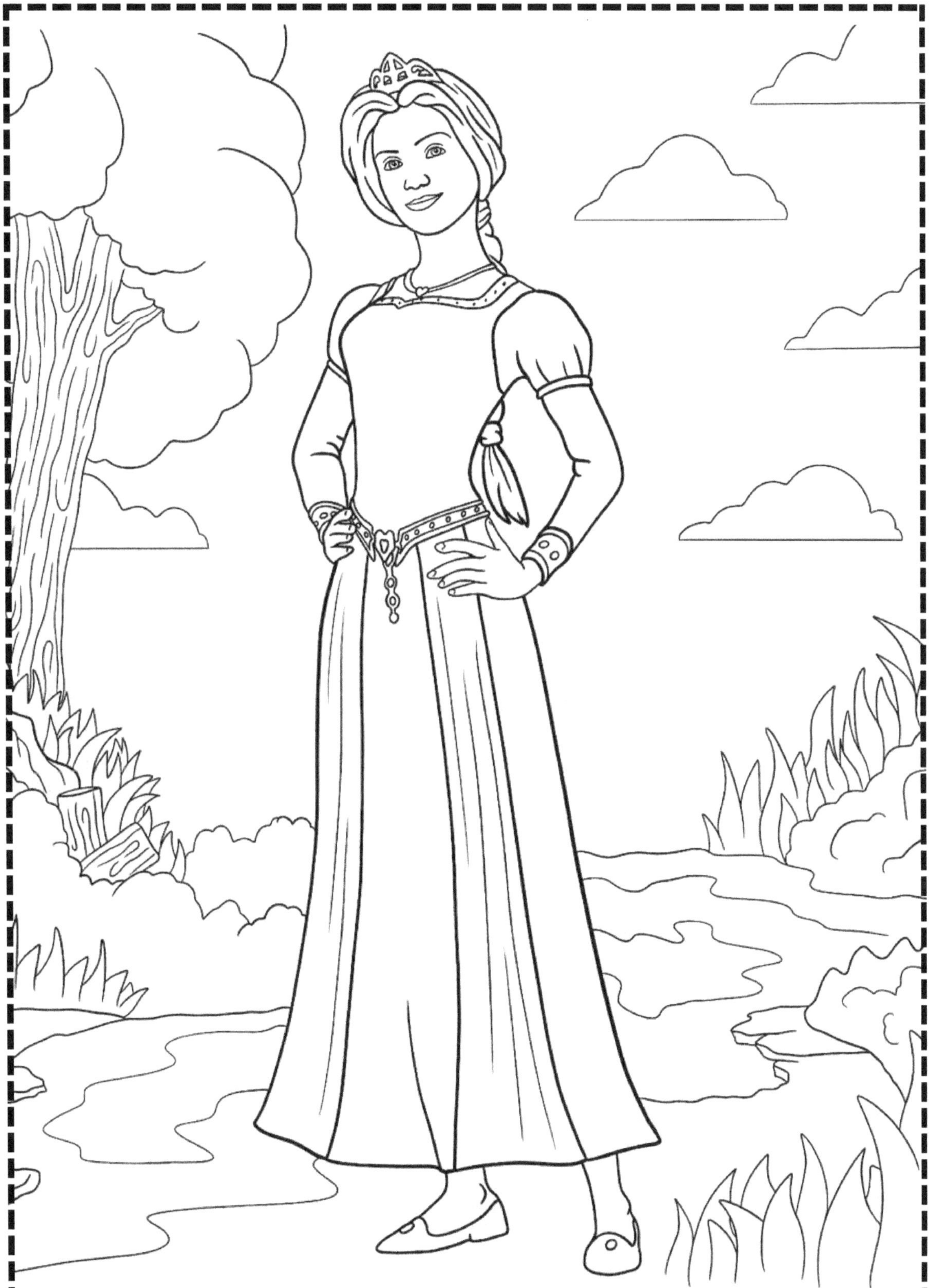

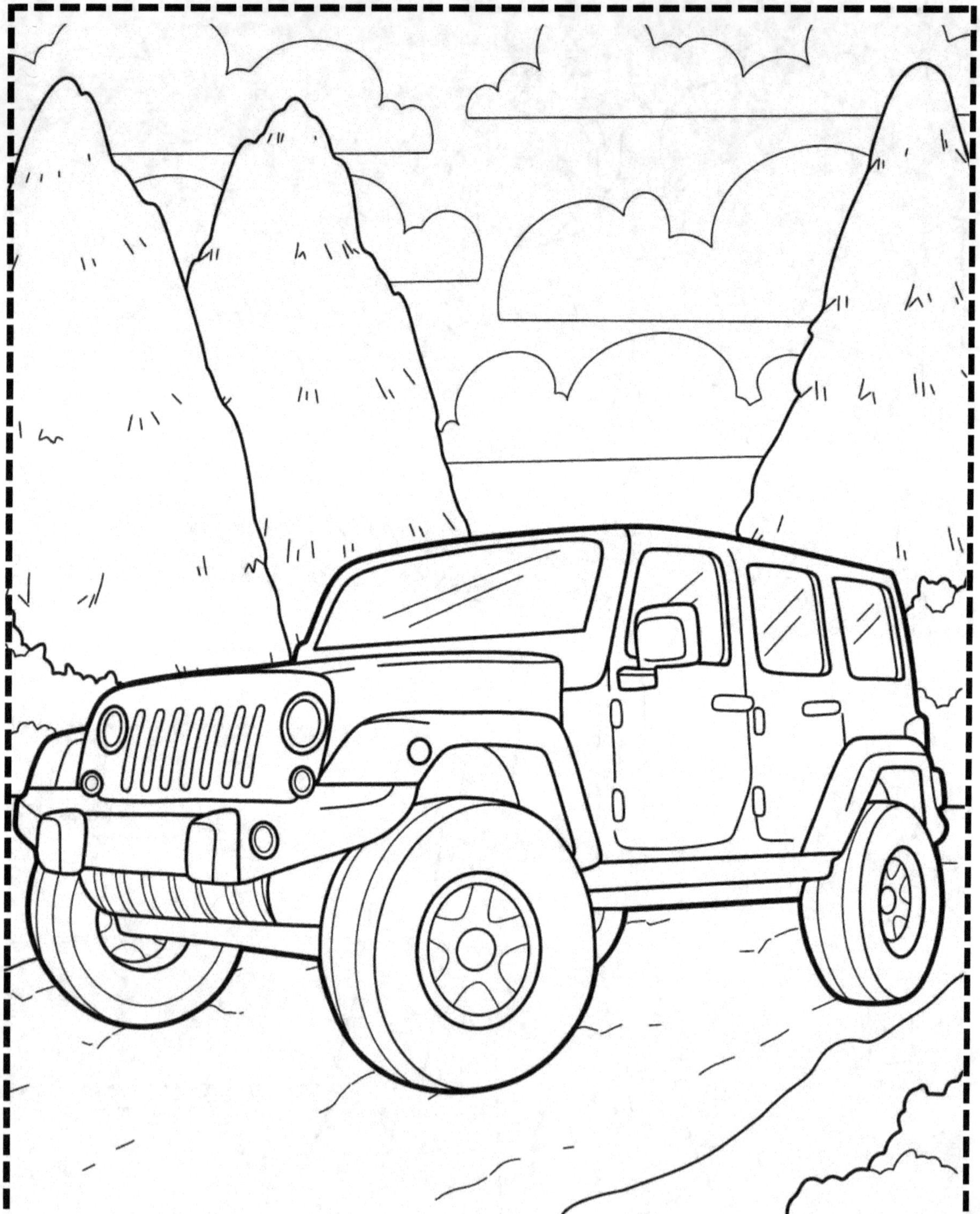

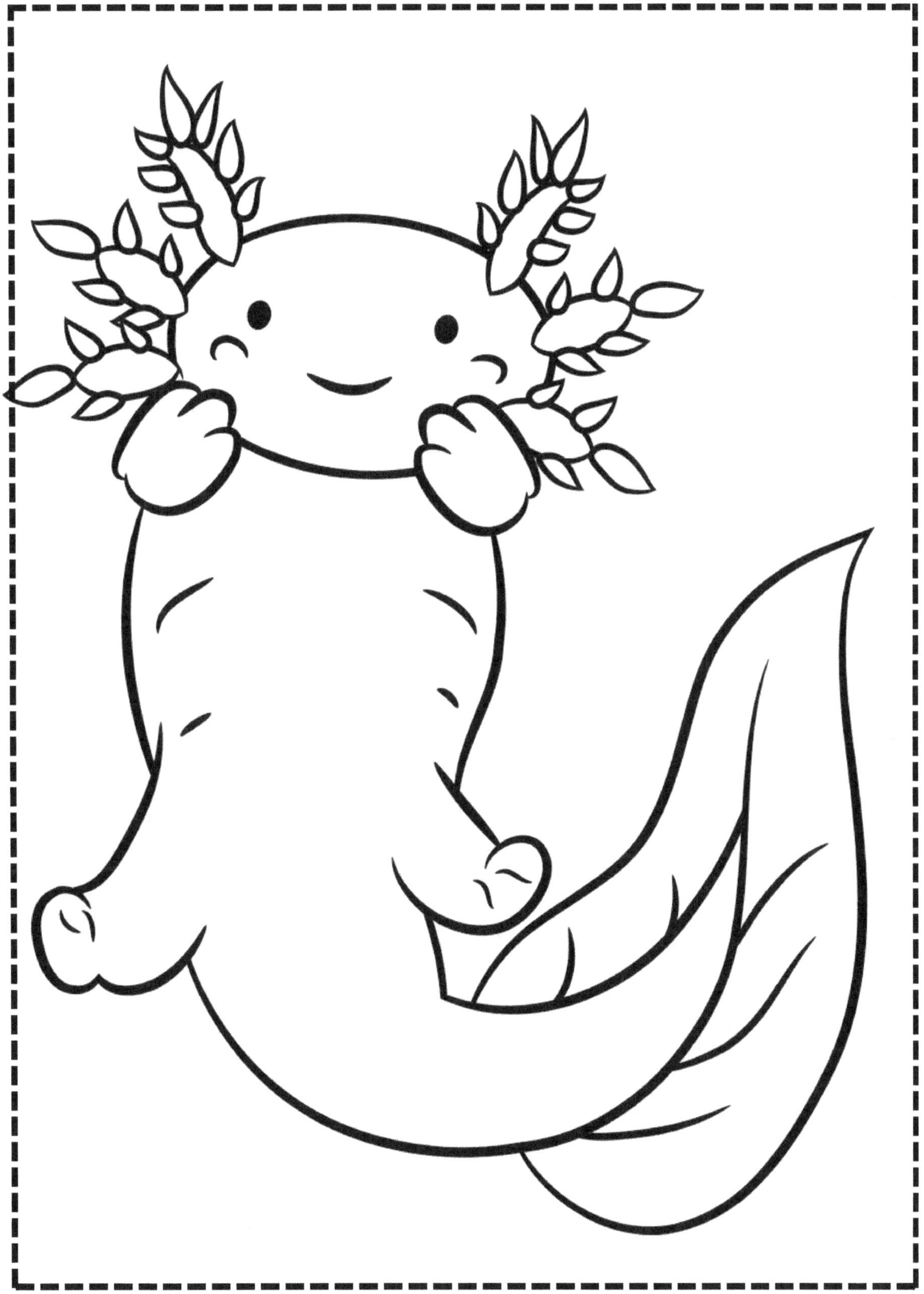

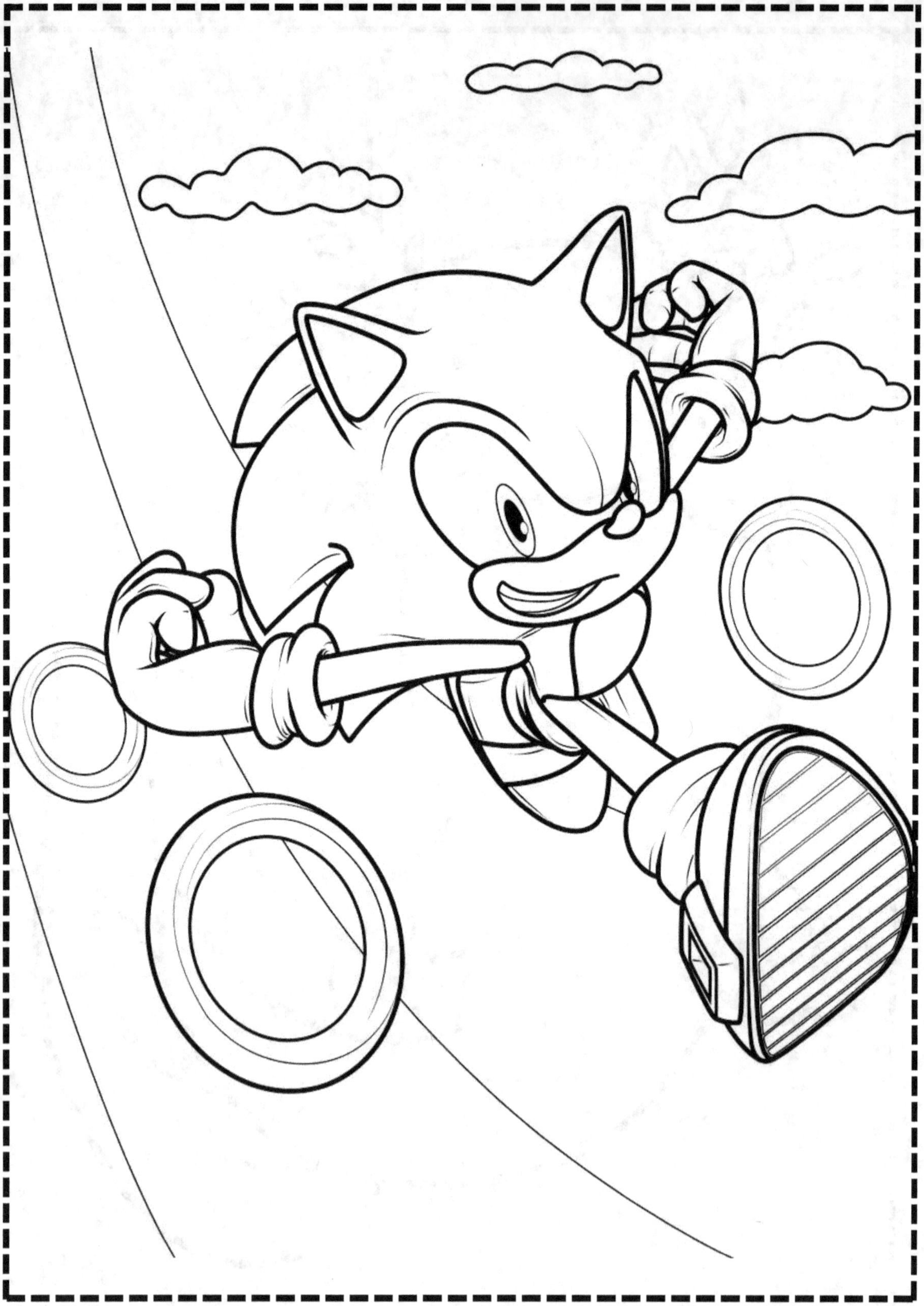

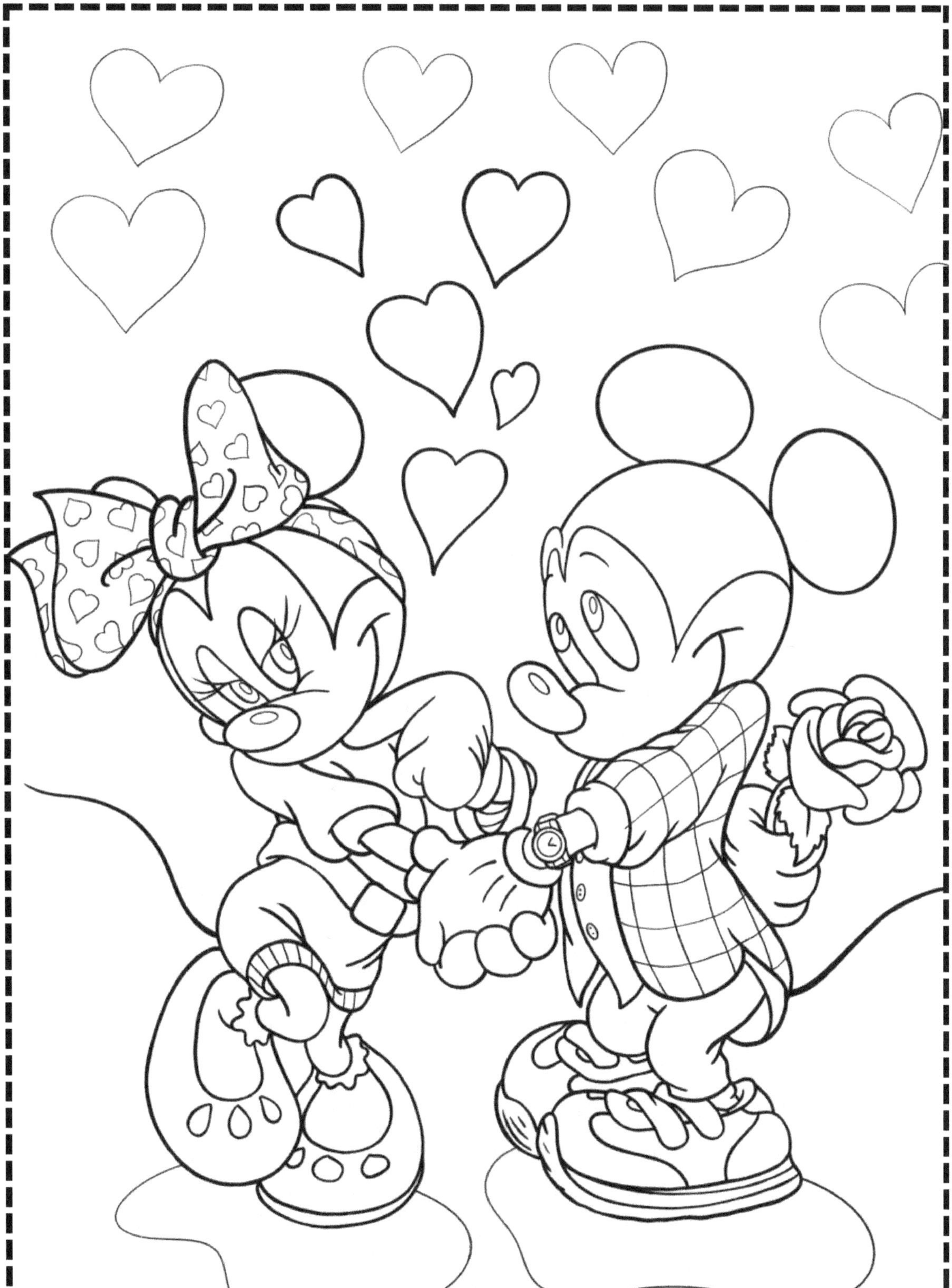

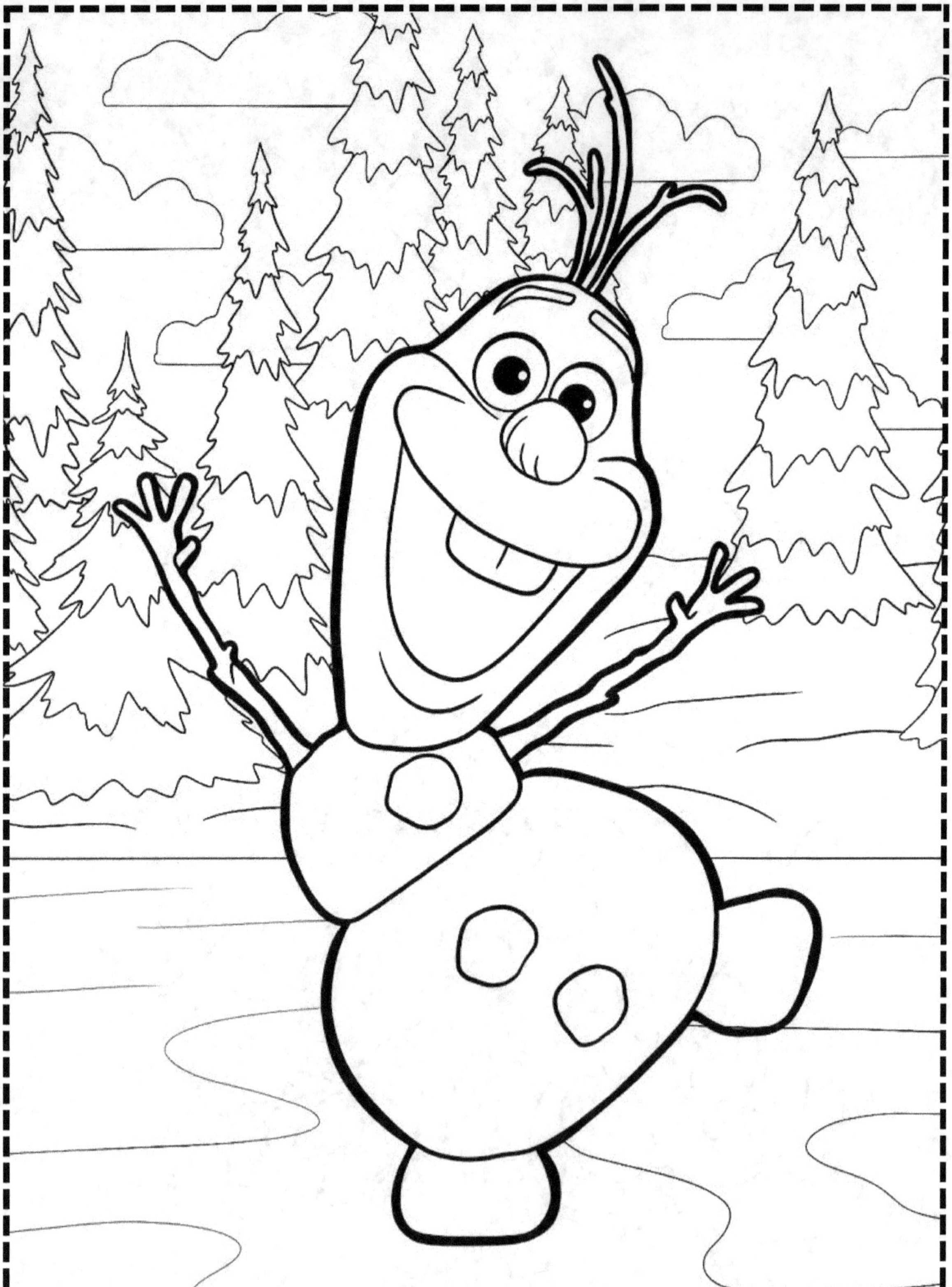

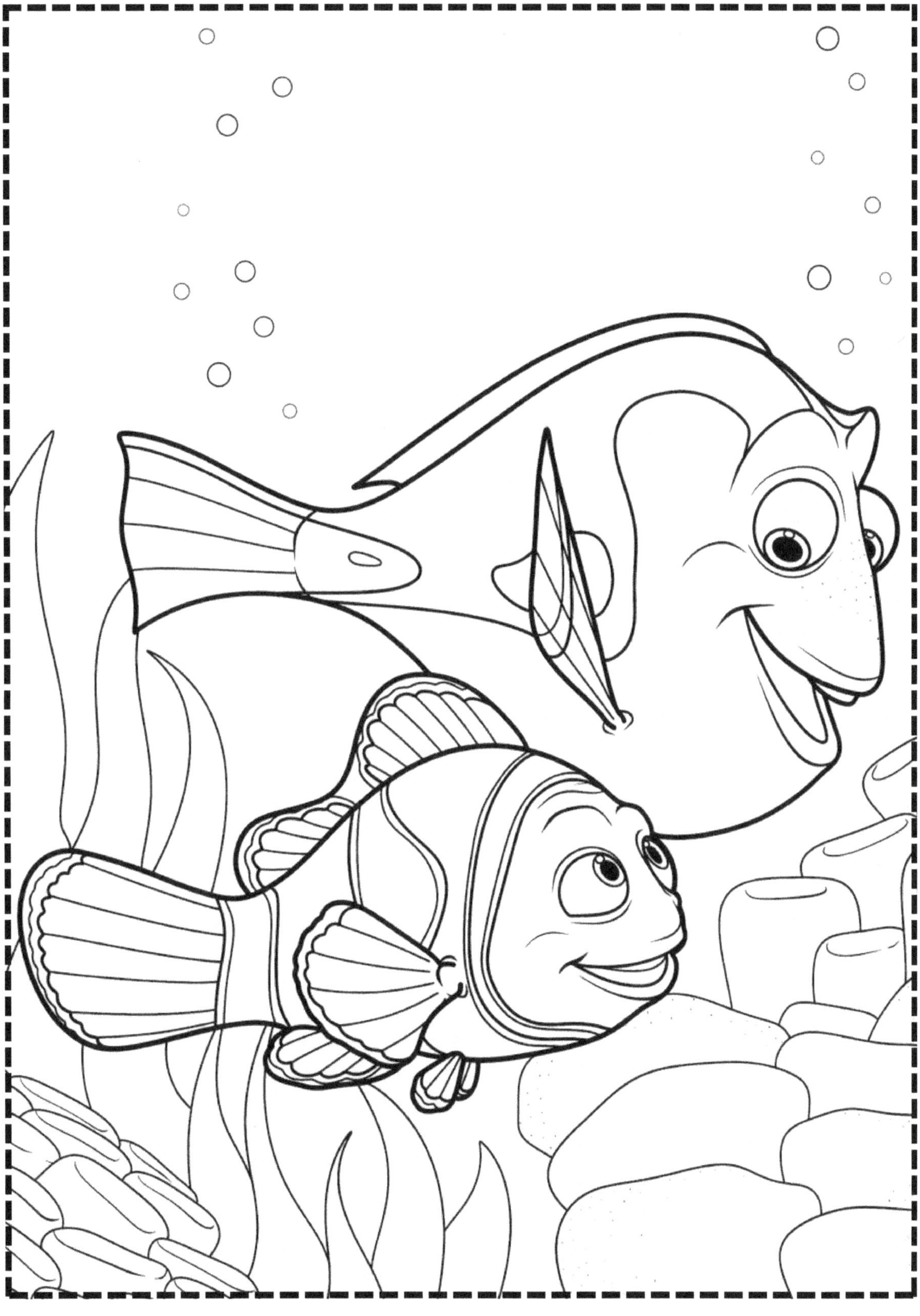

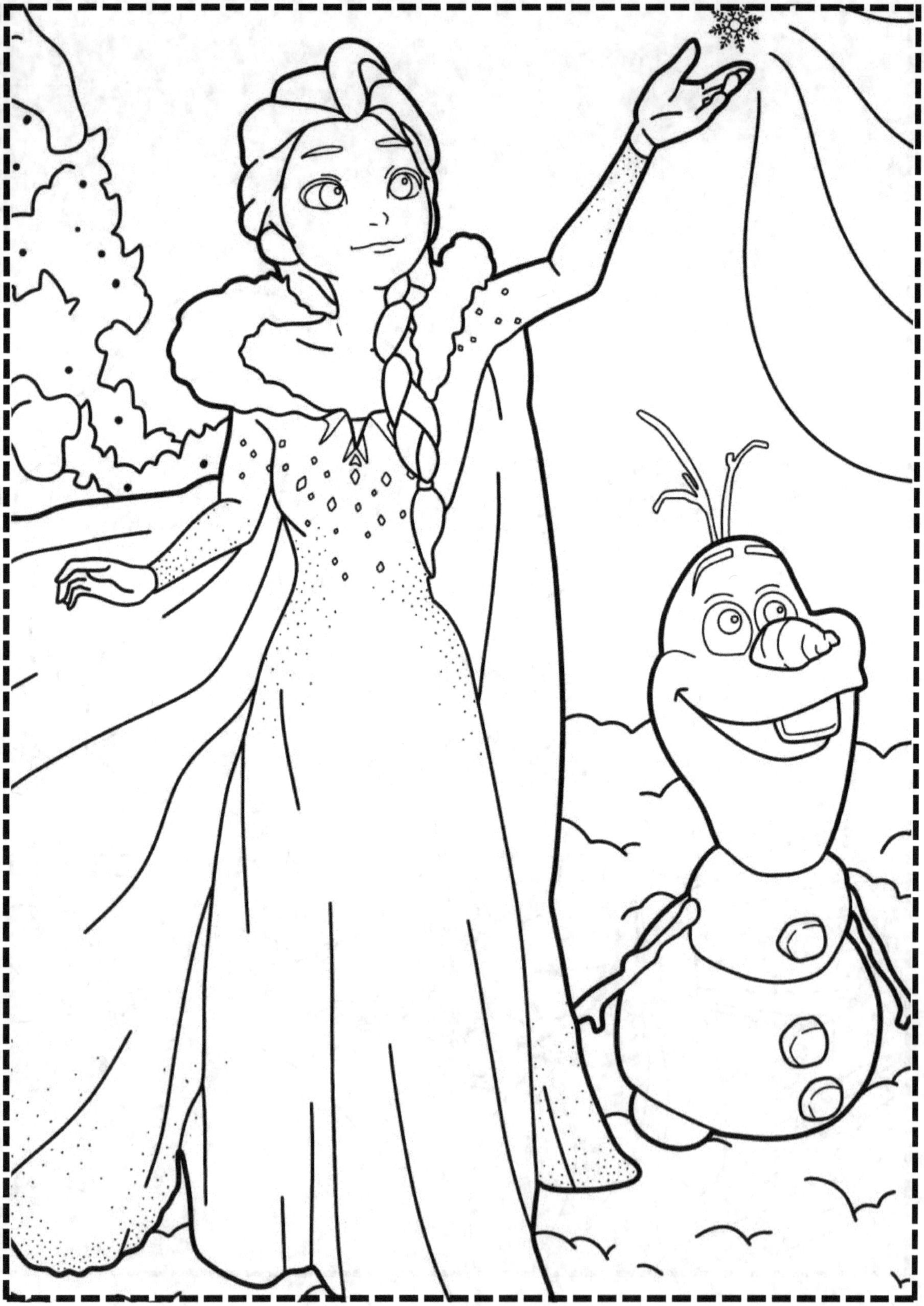

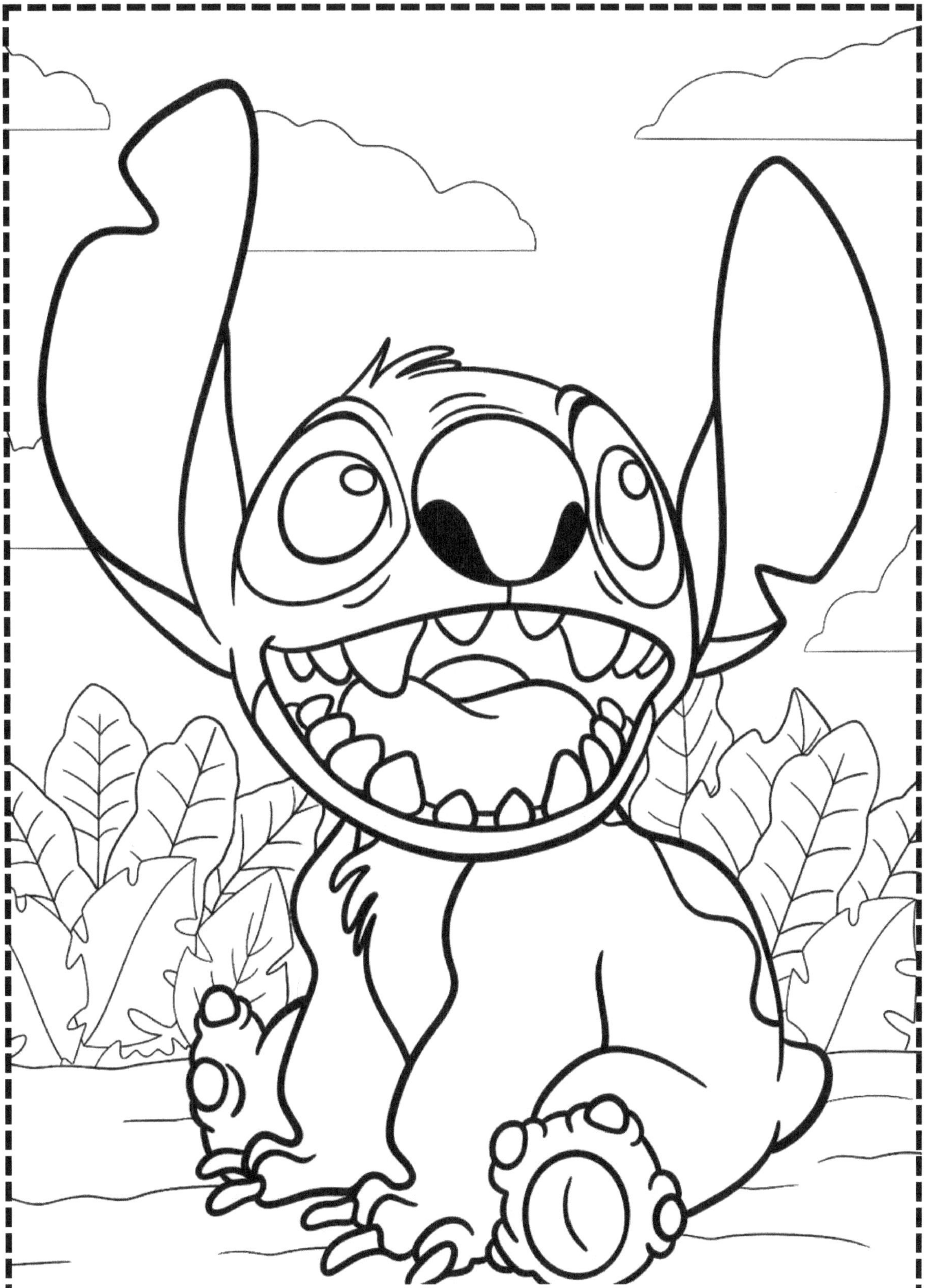

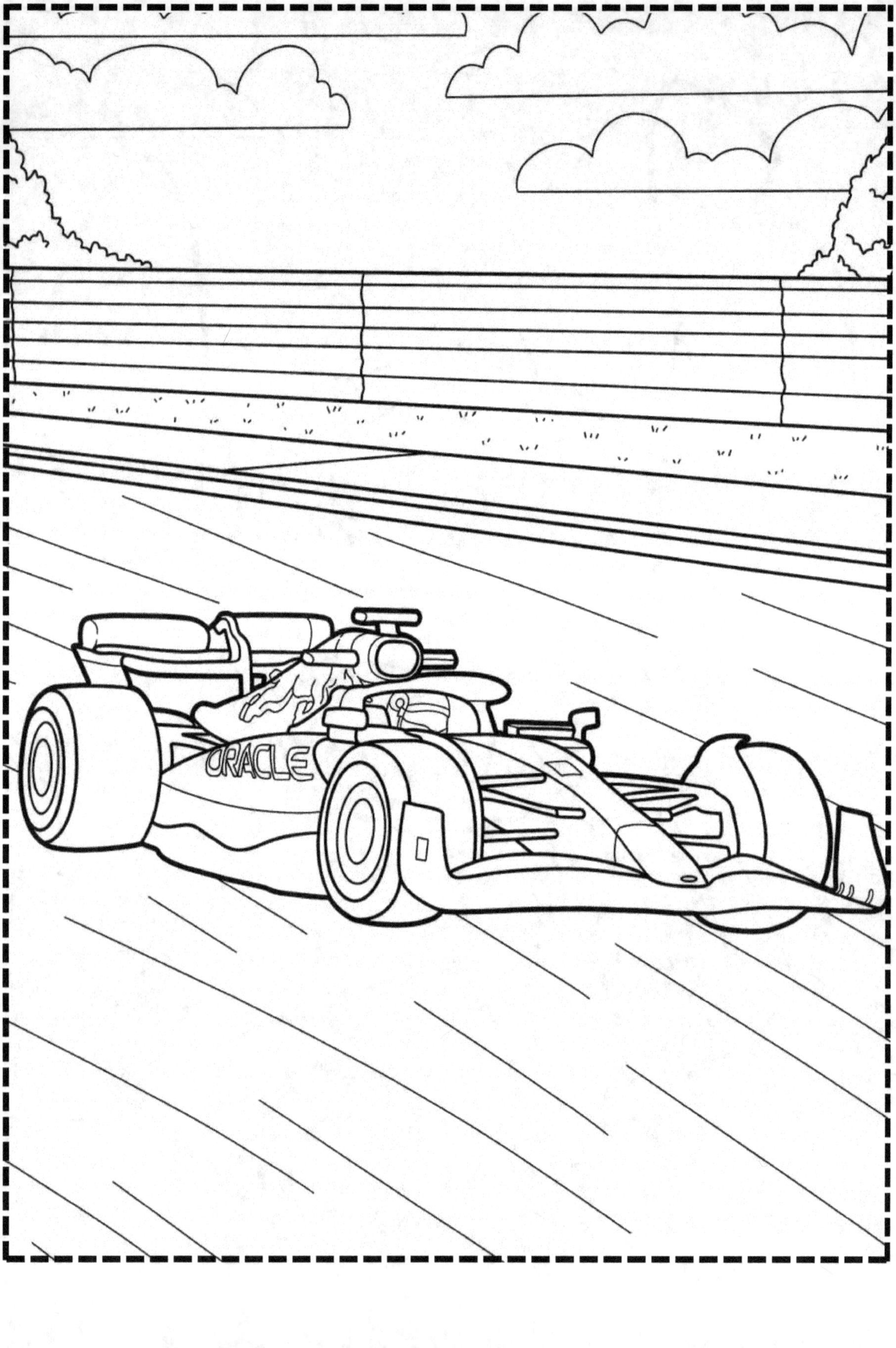
ORACLE

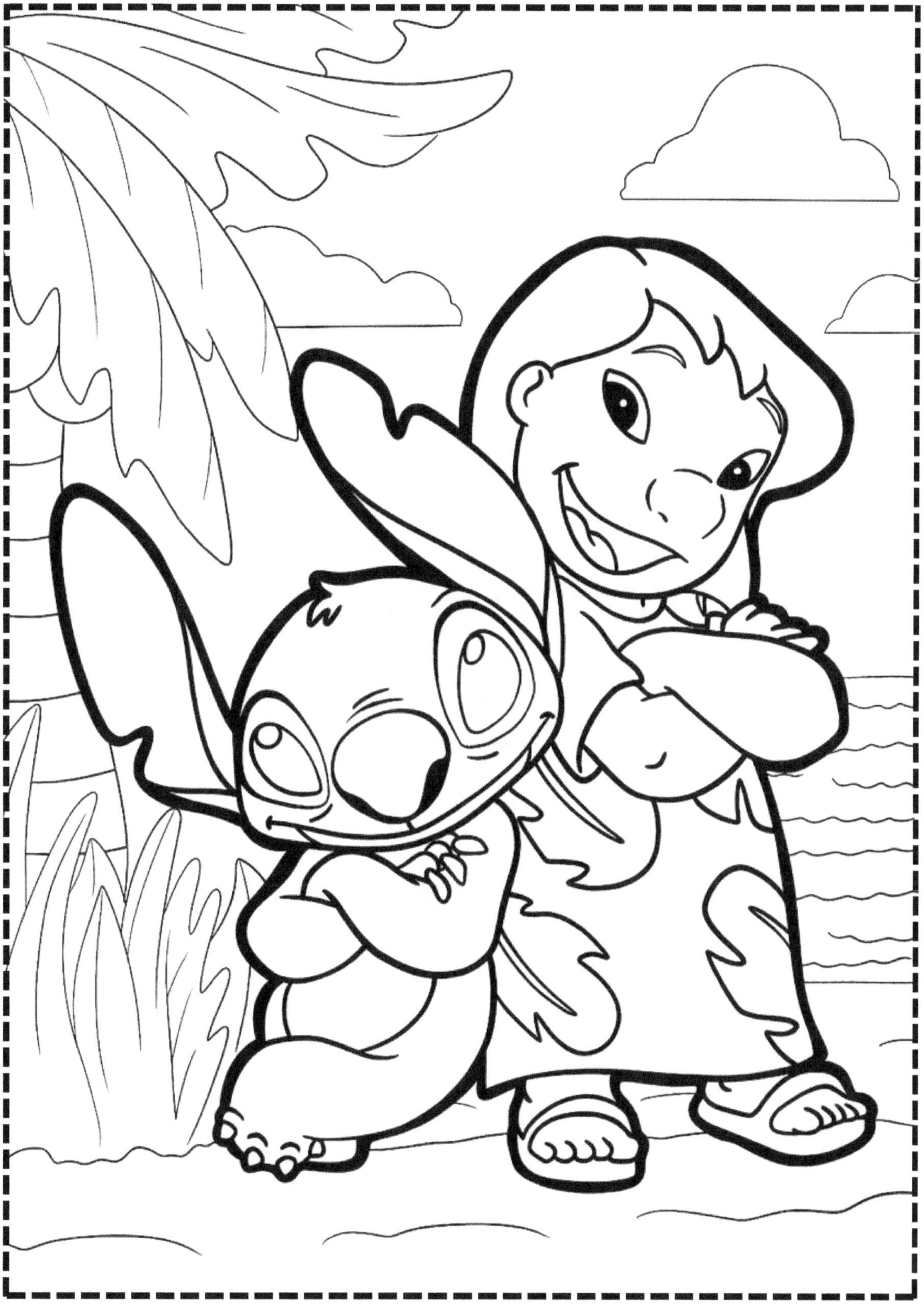

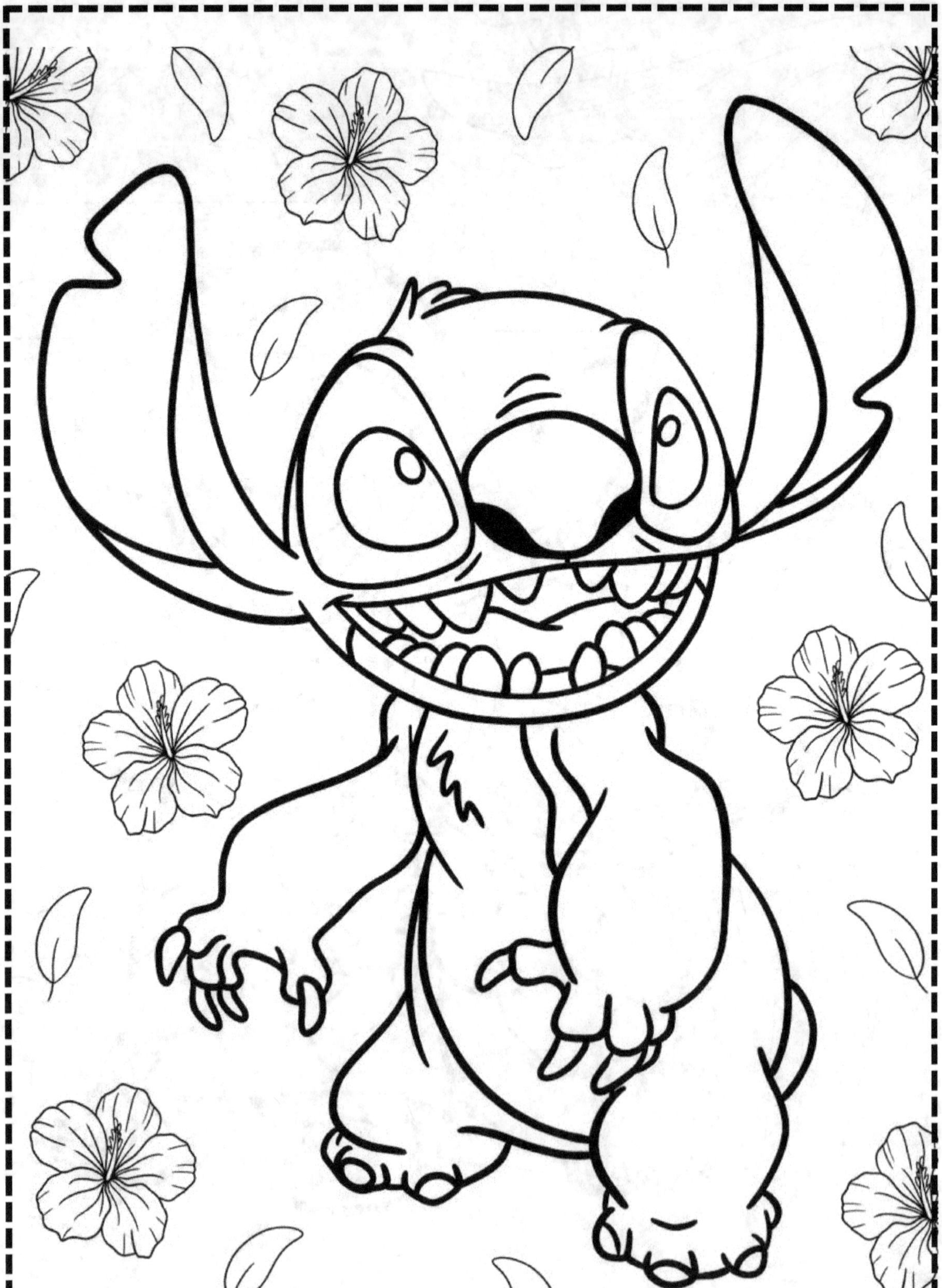

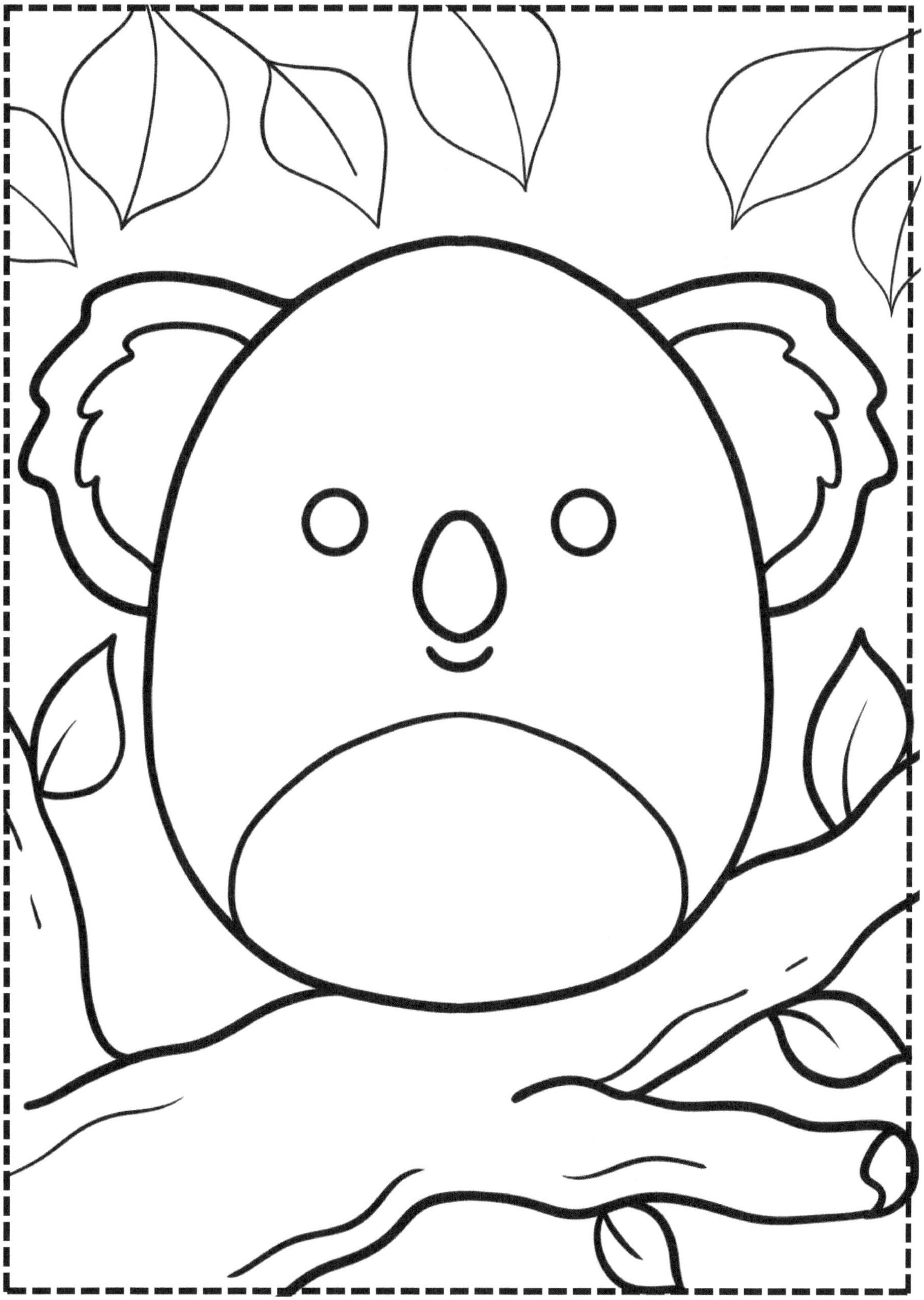

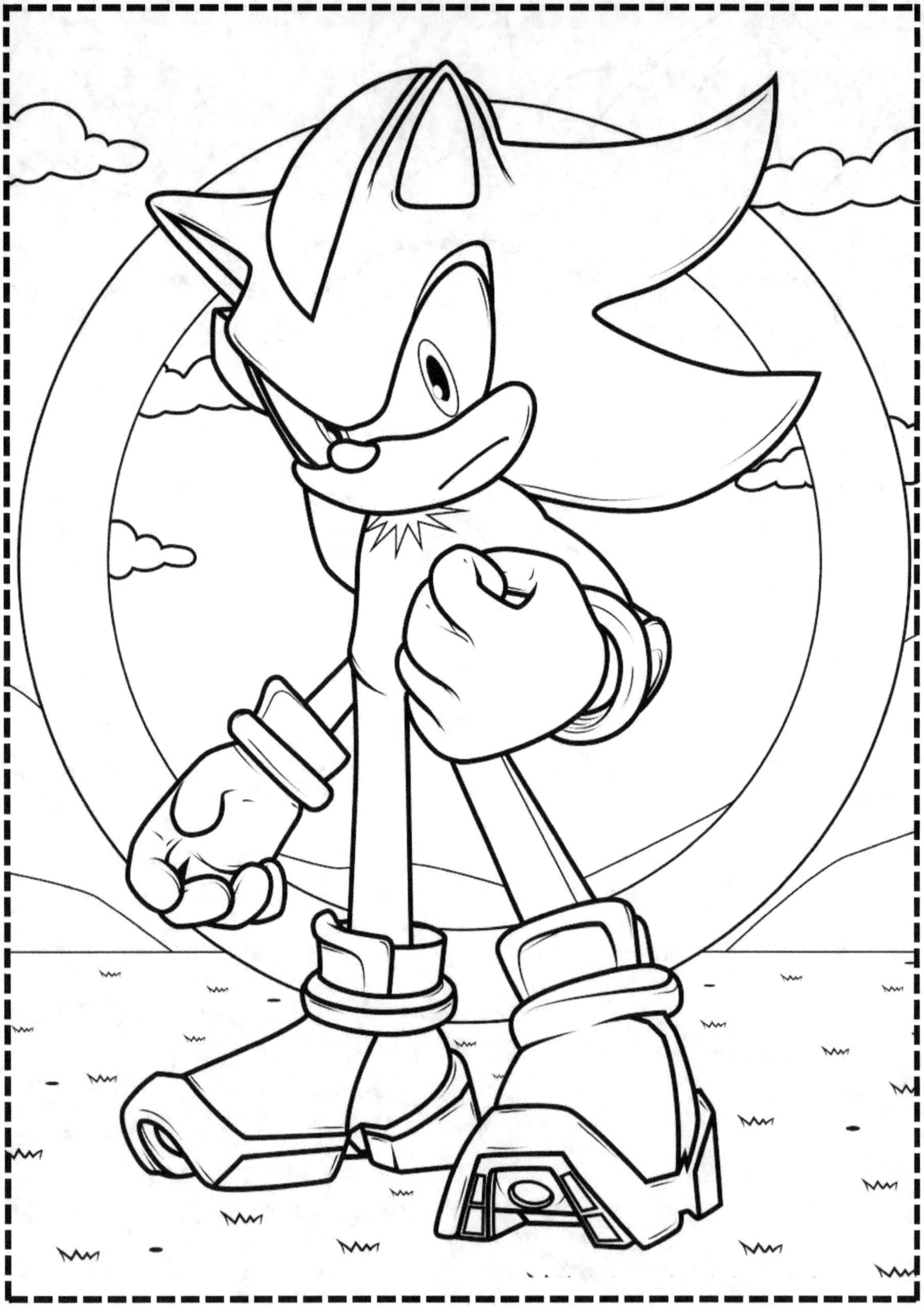

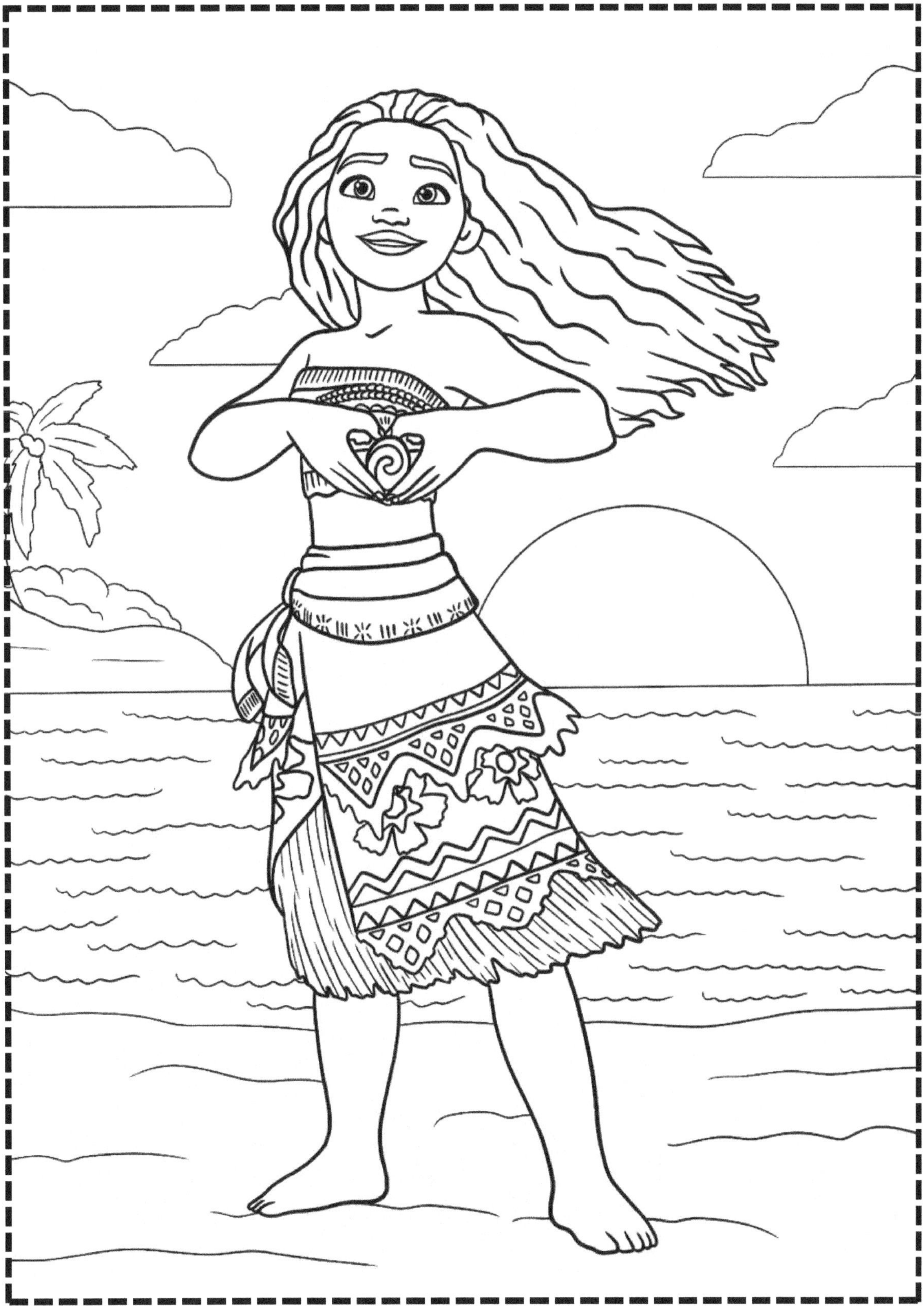

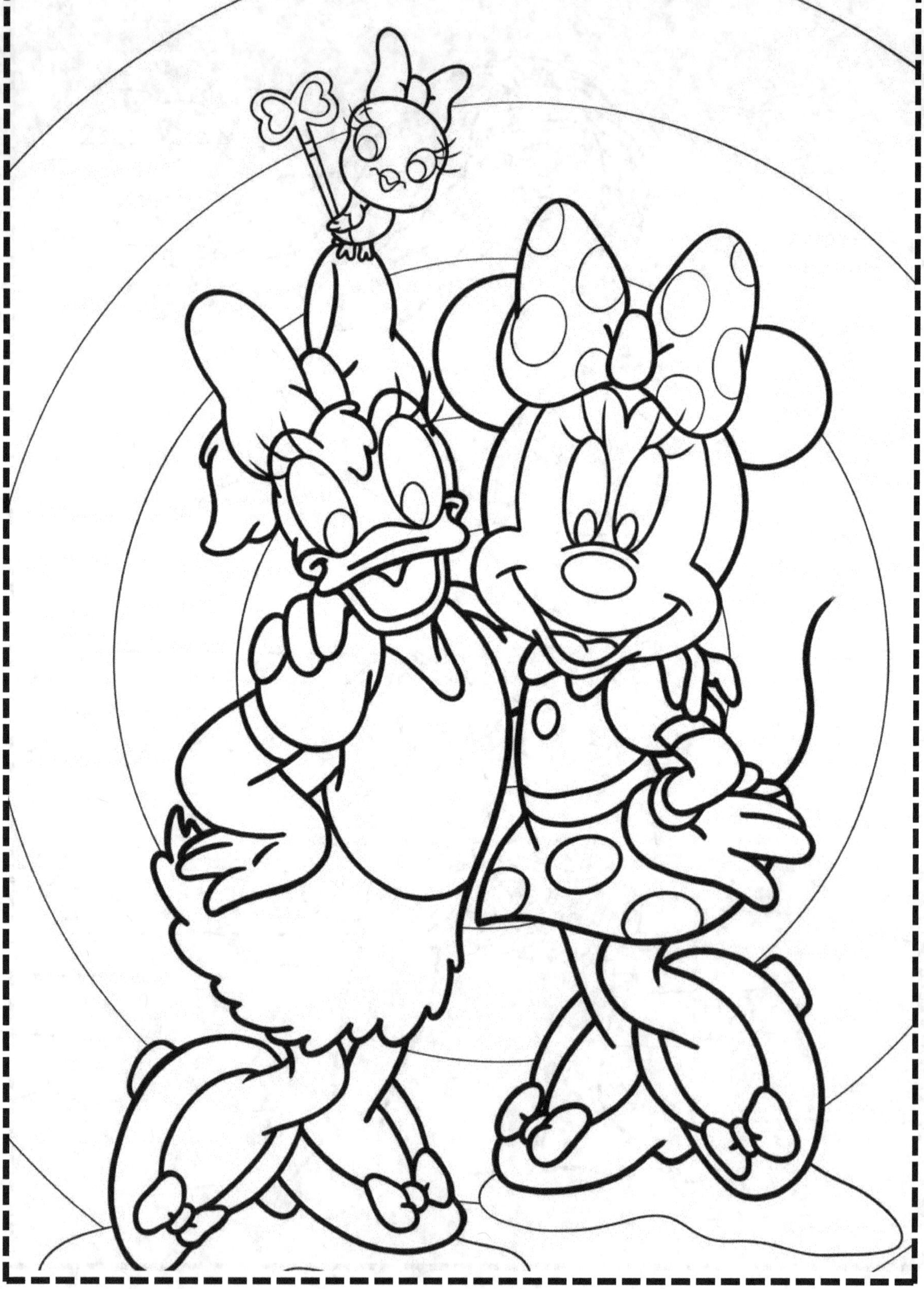

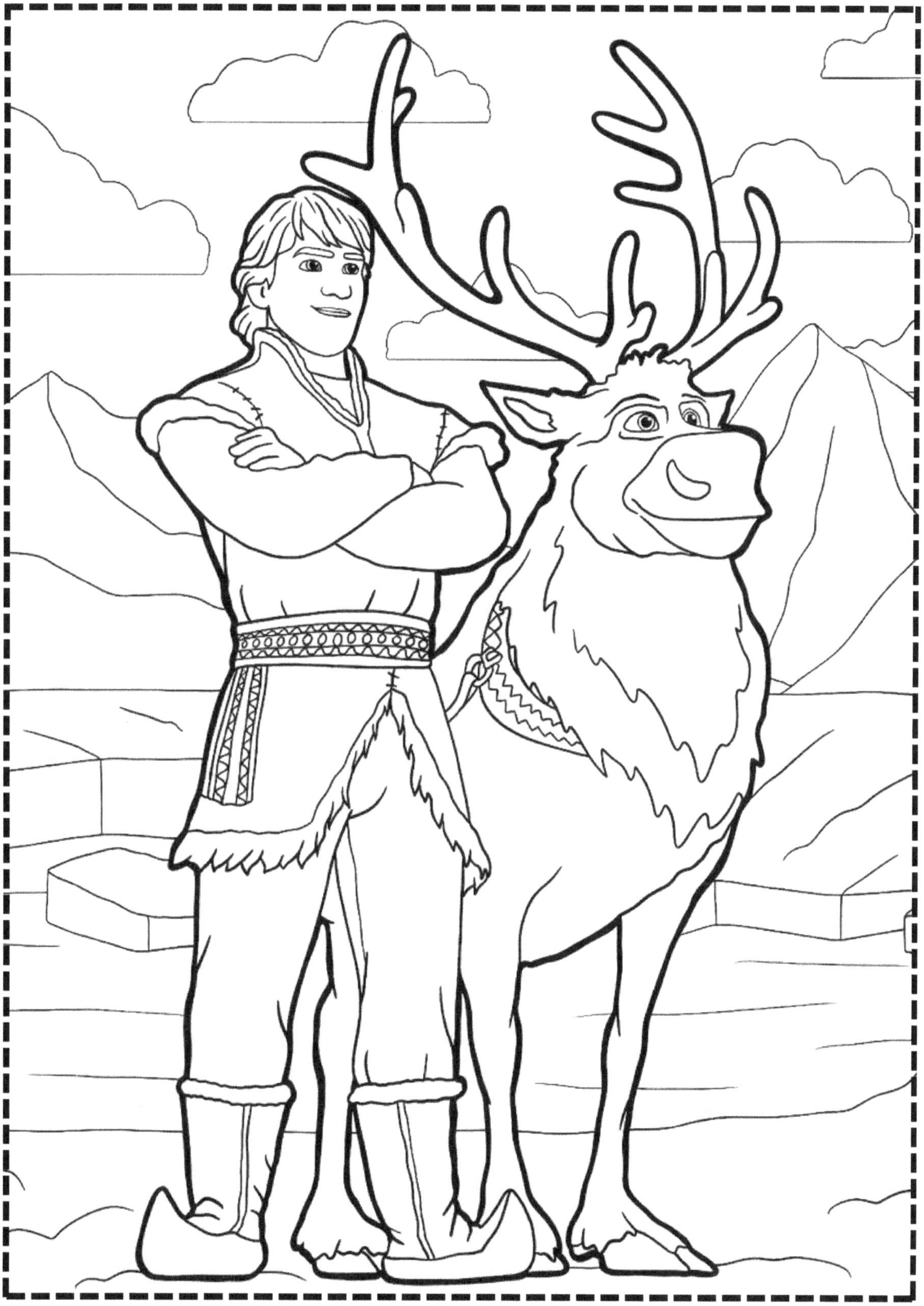

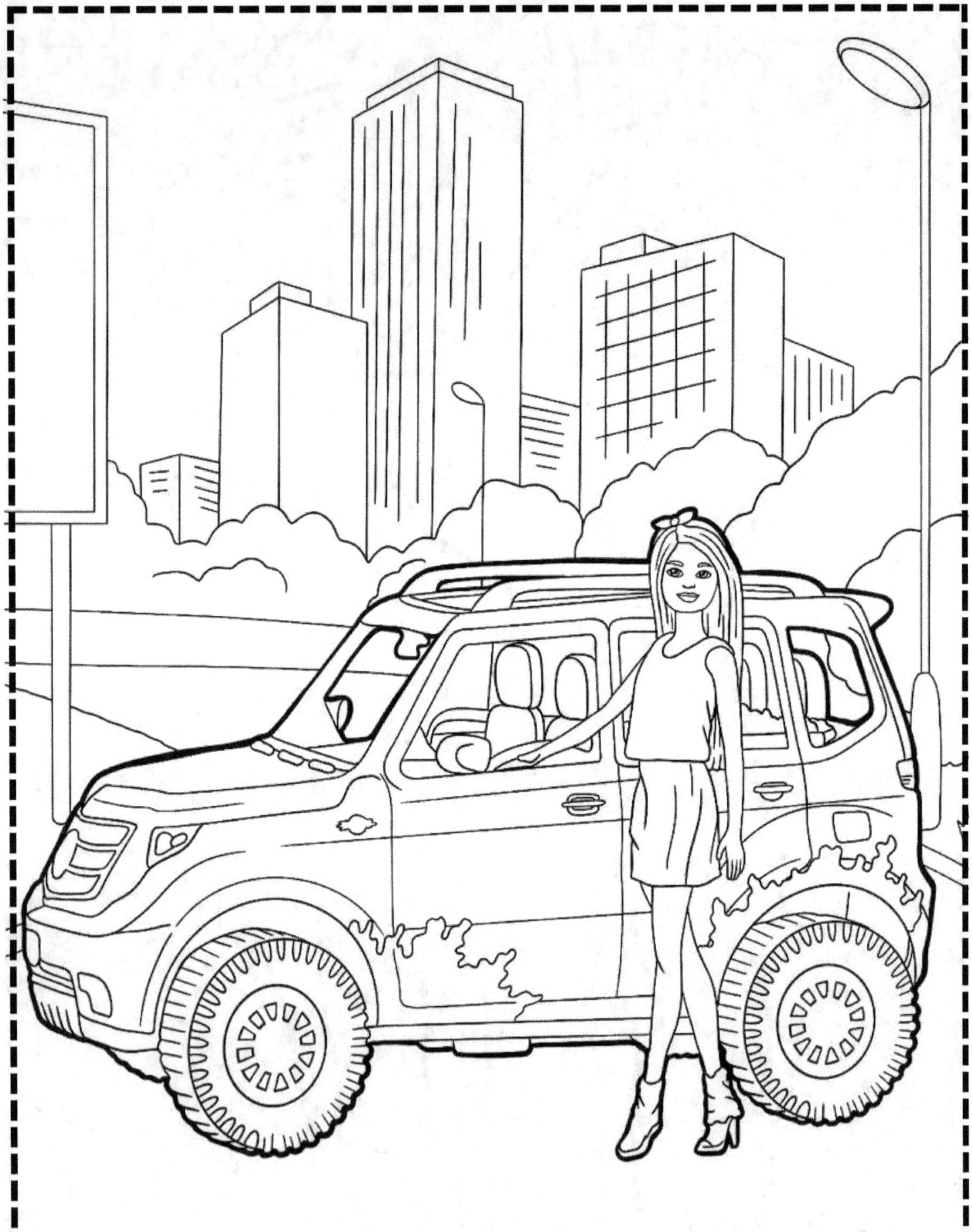

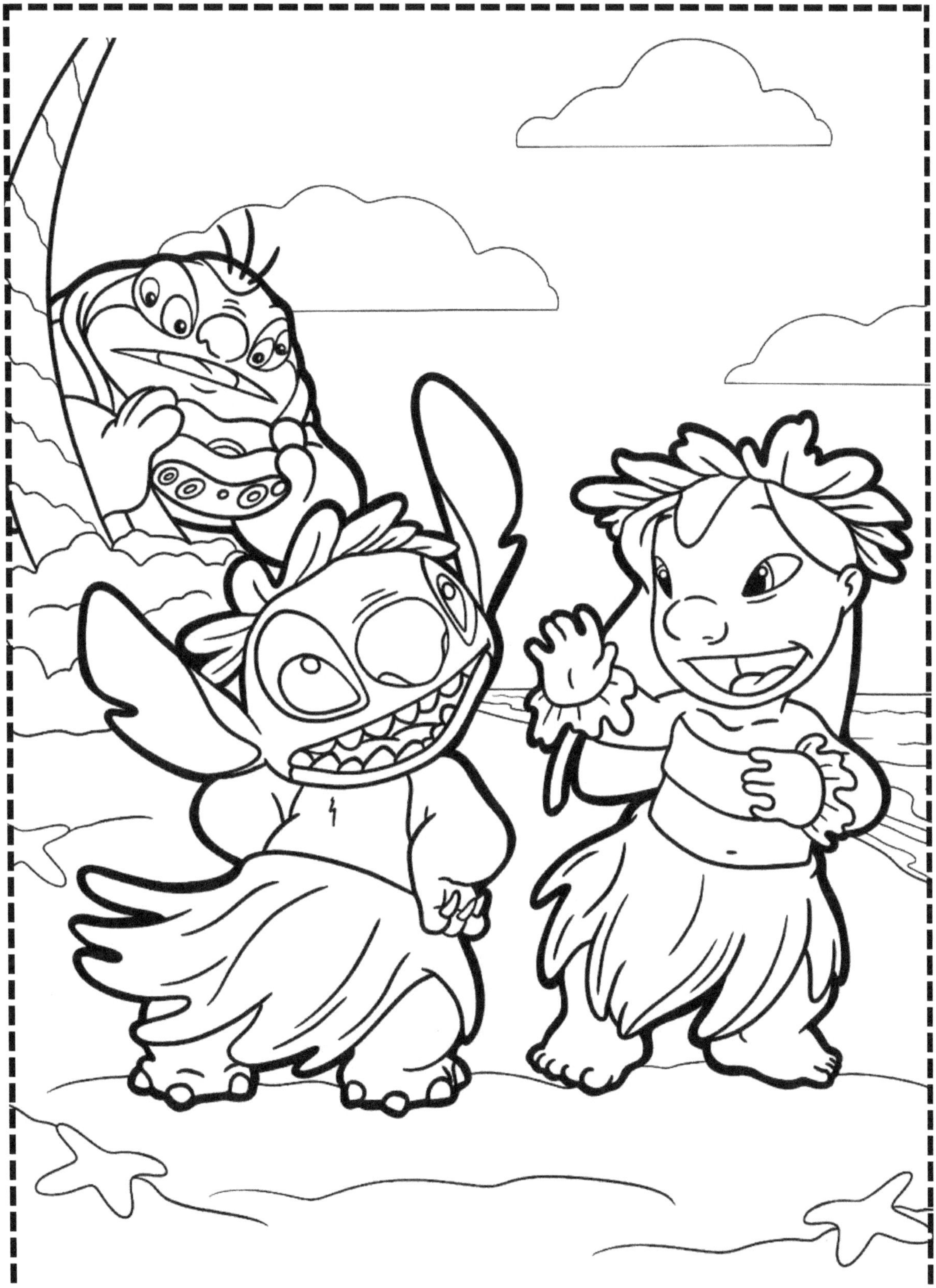

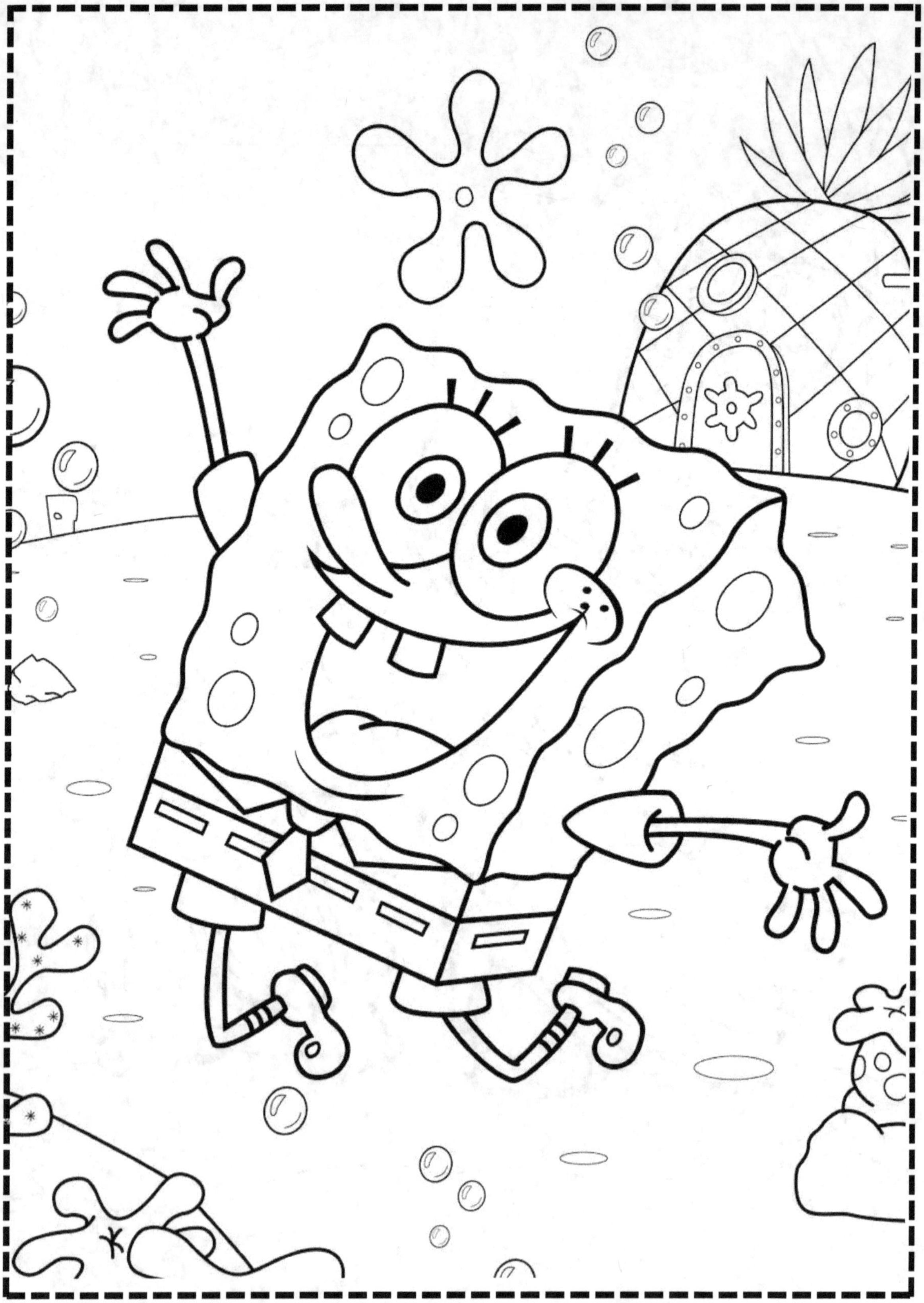

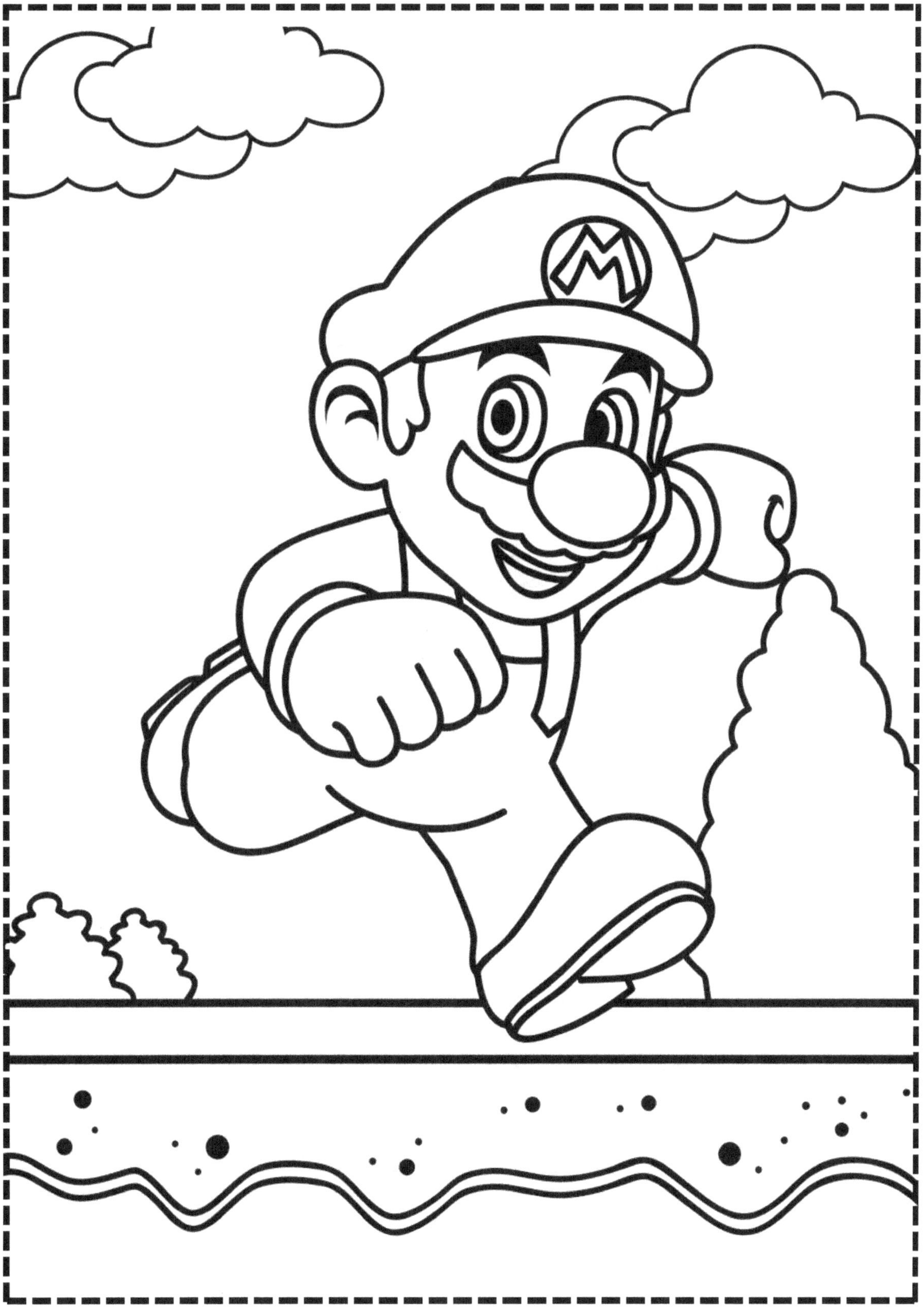

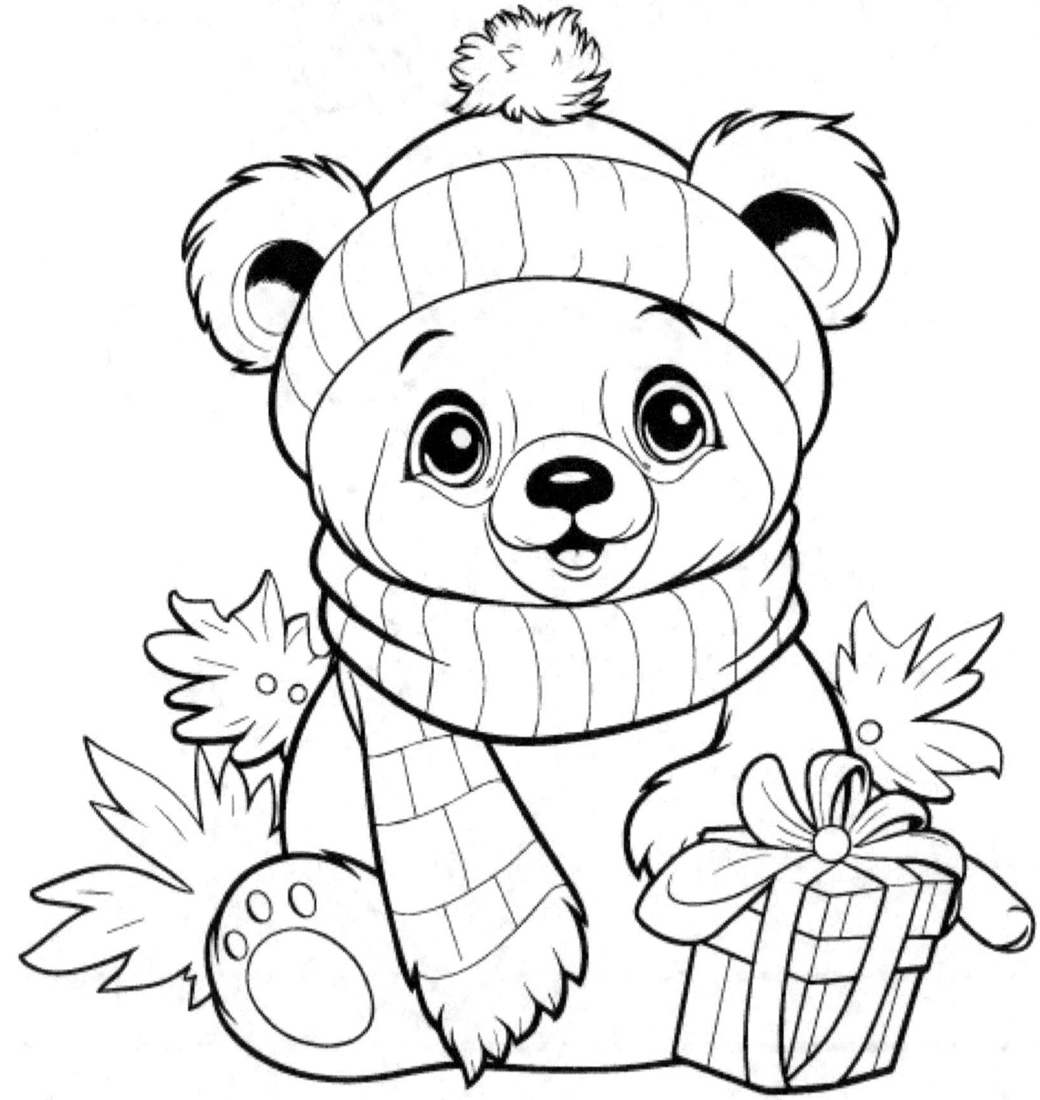

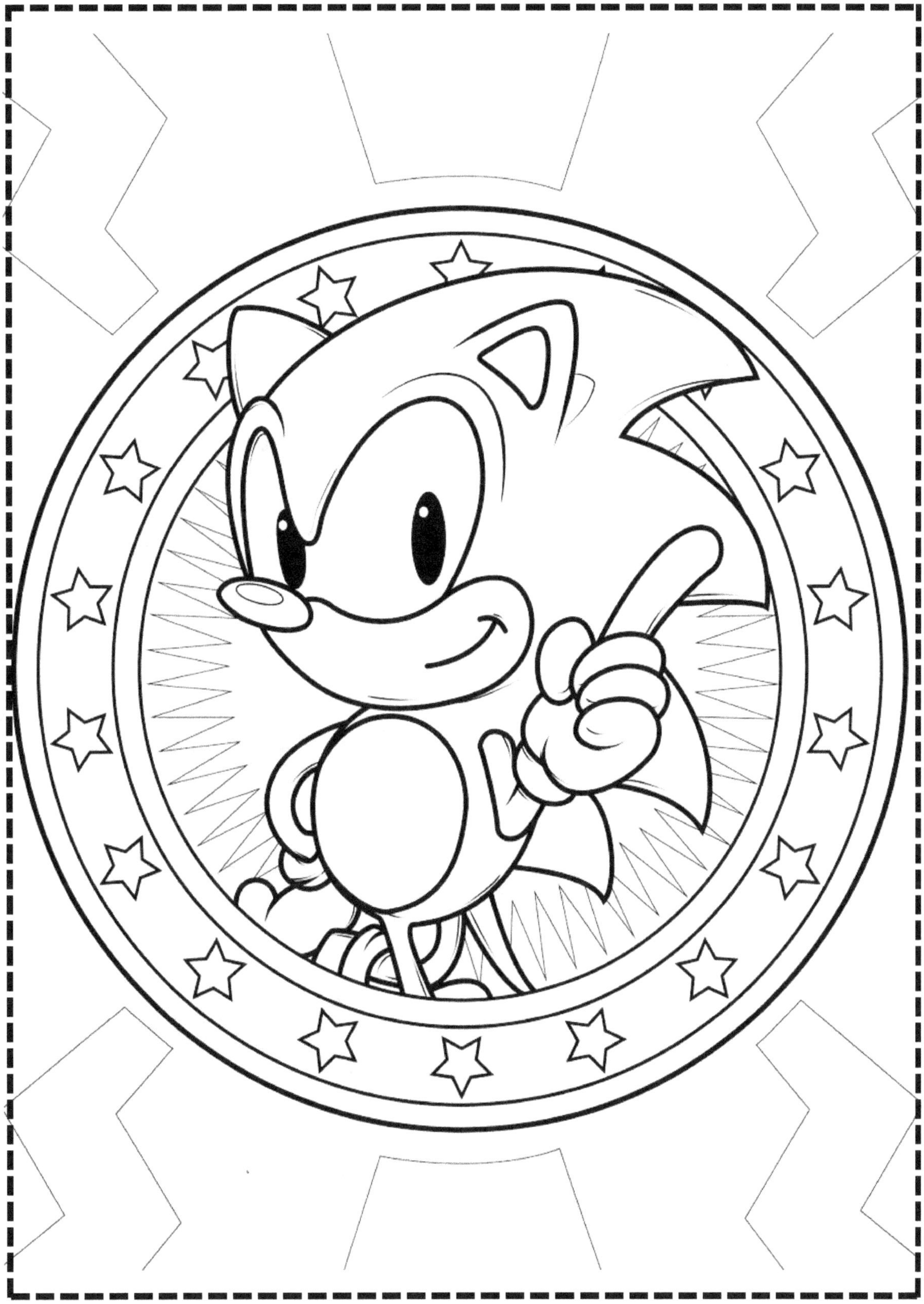

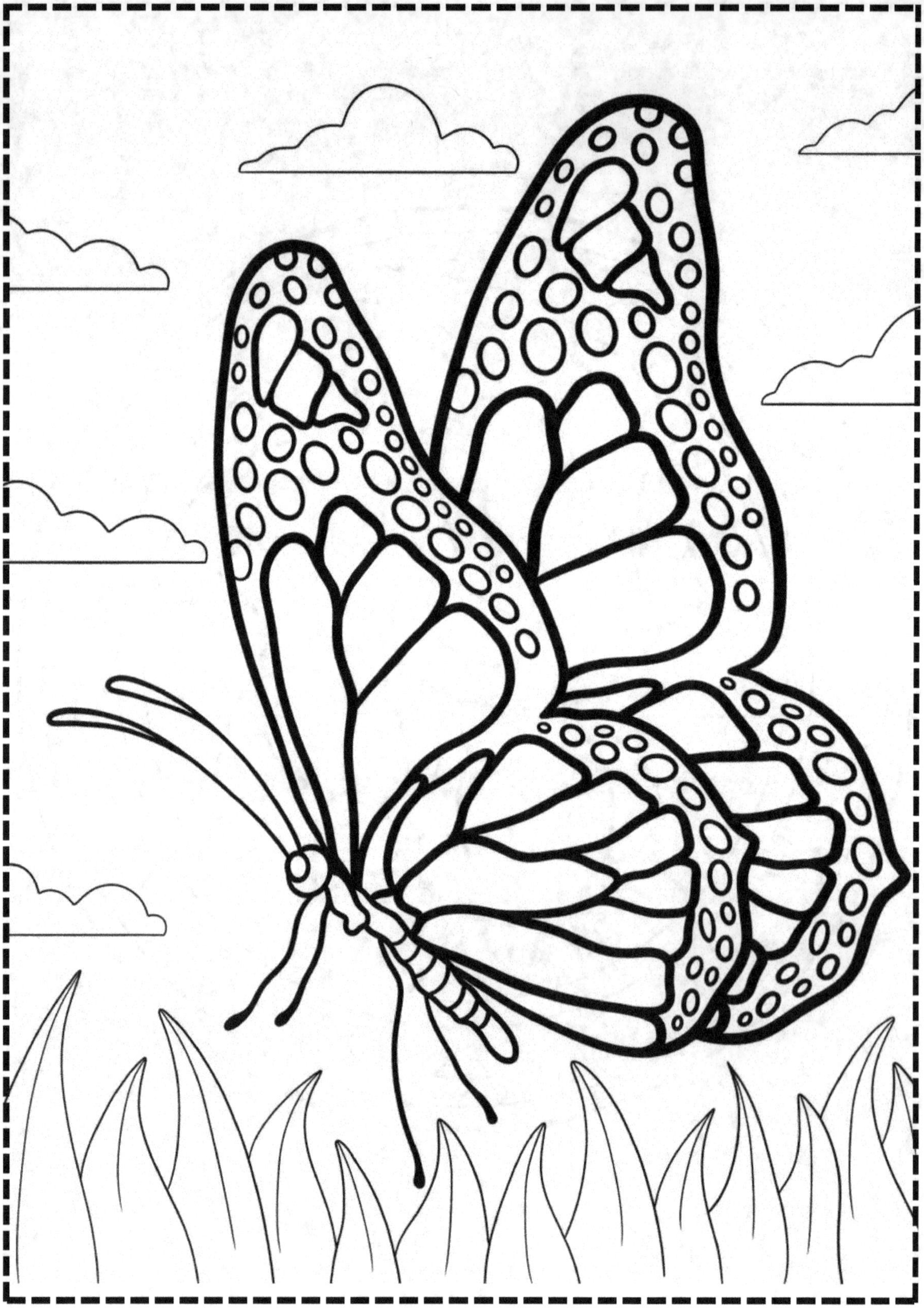

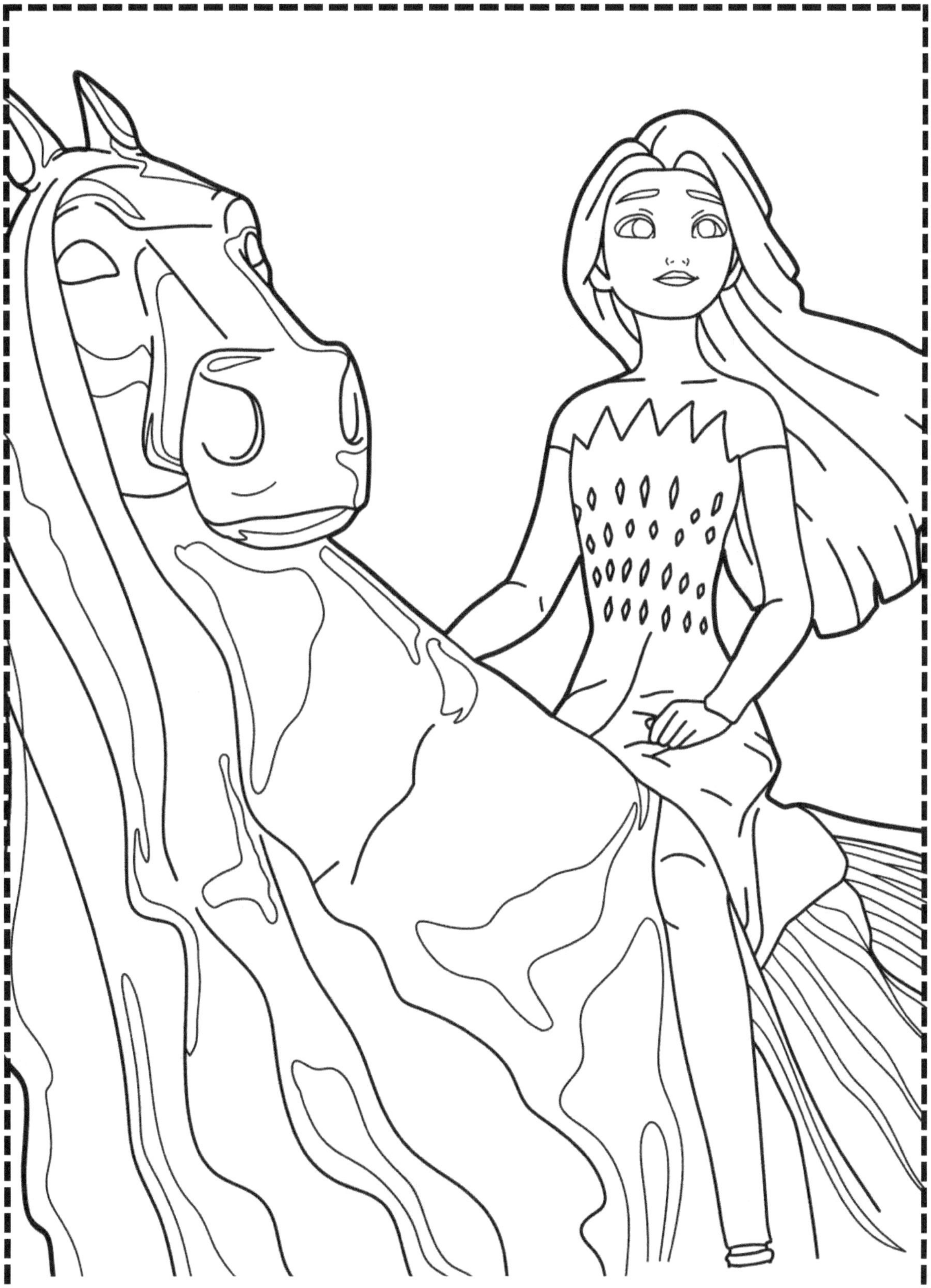

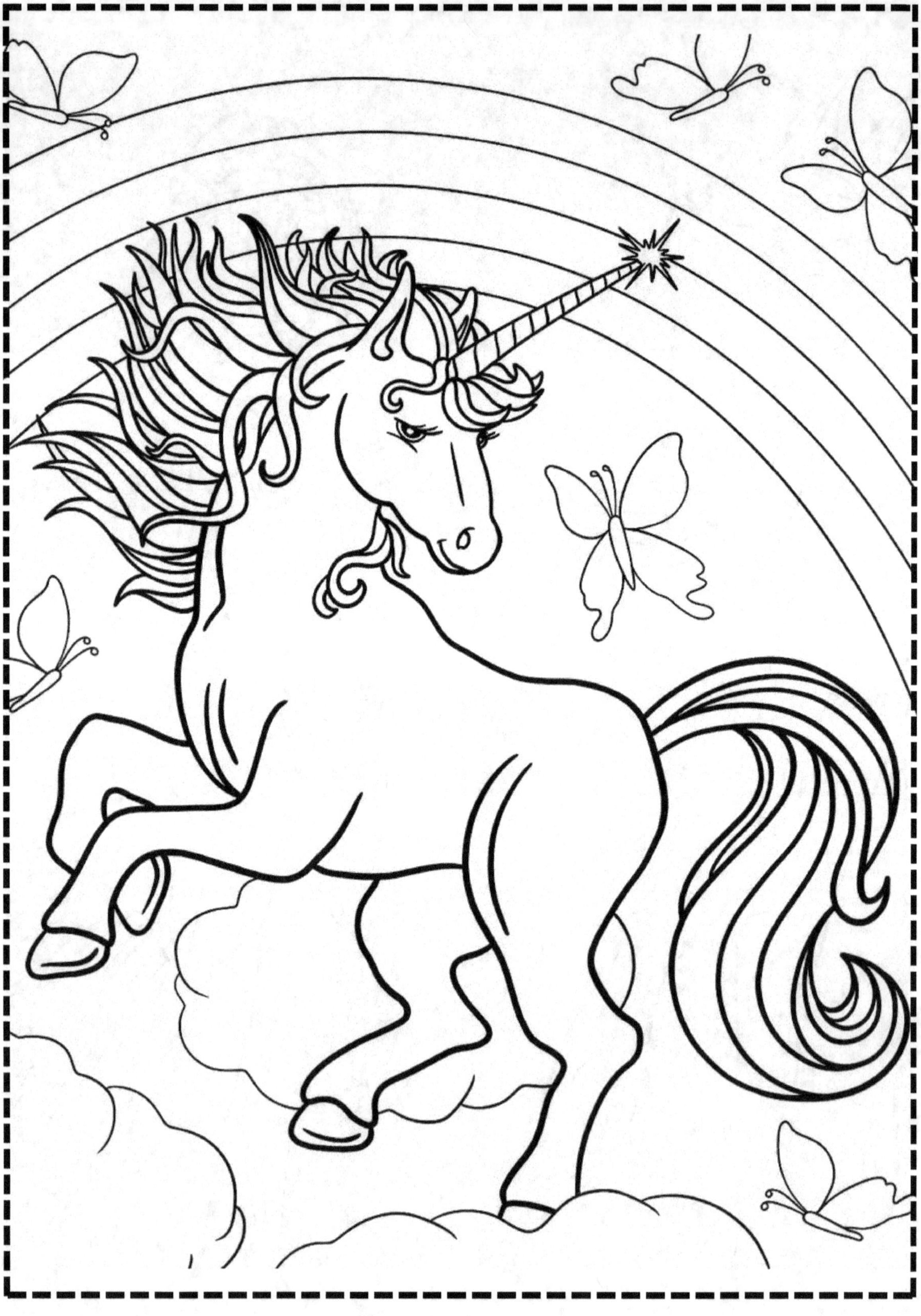

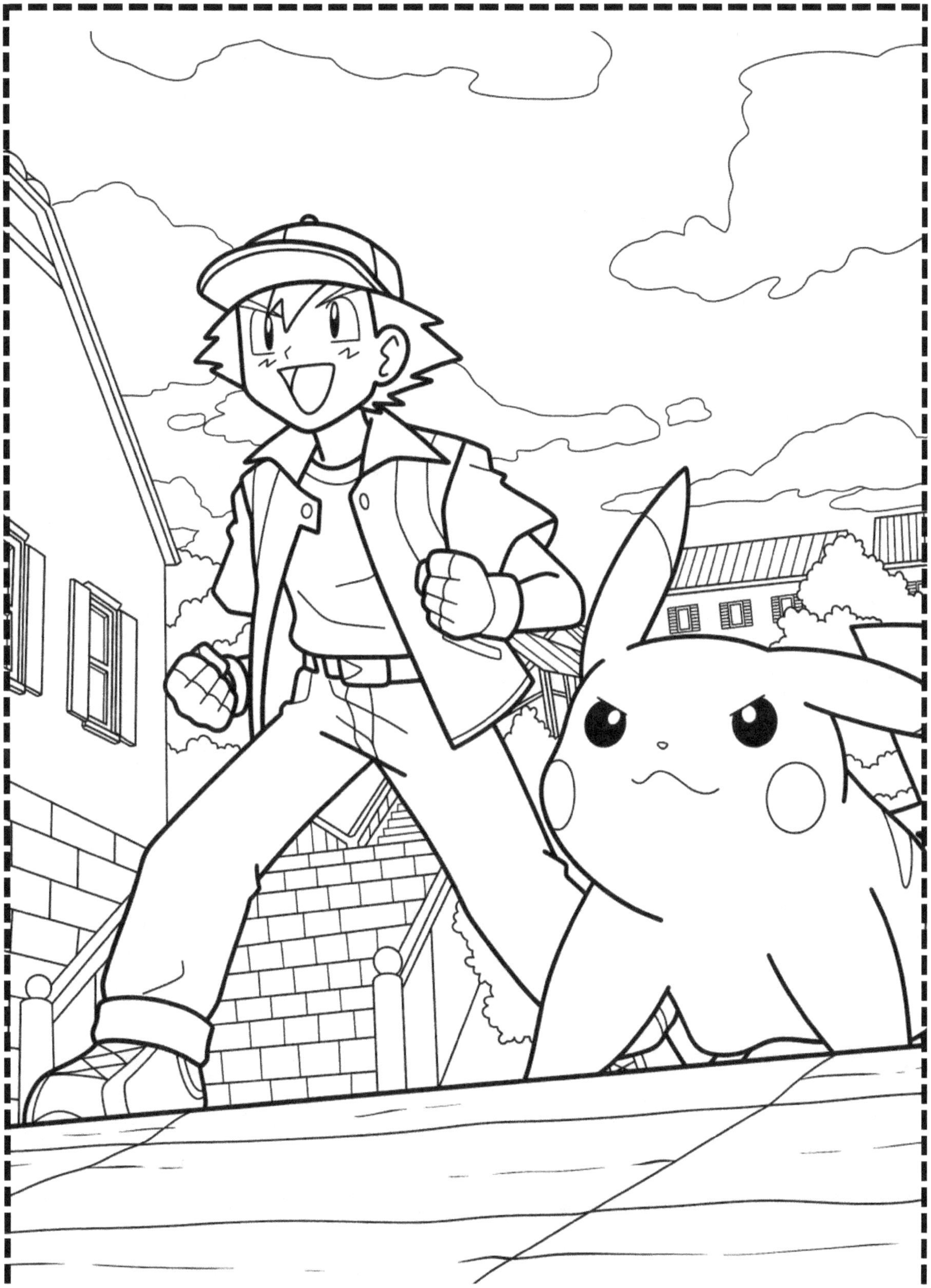

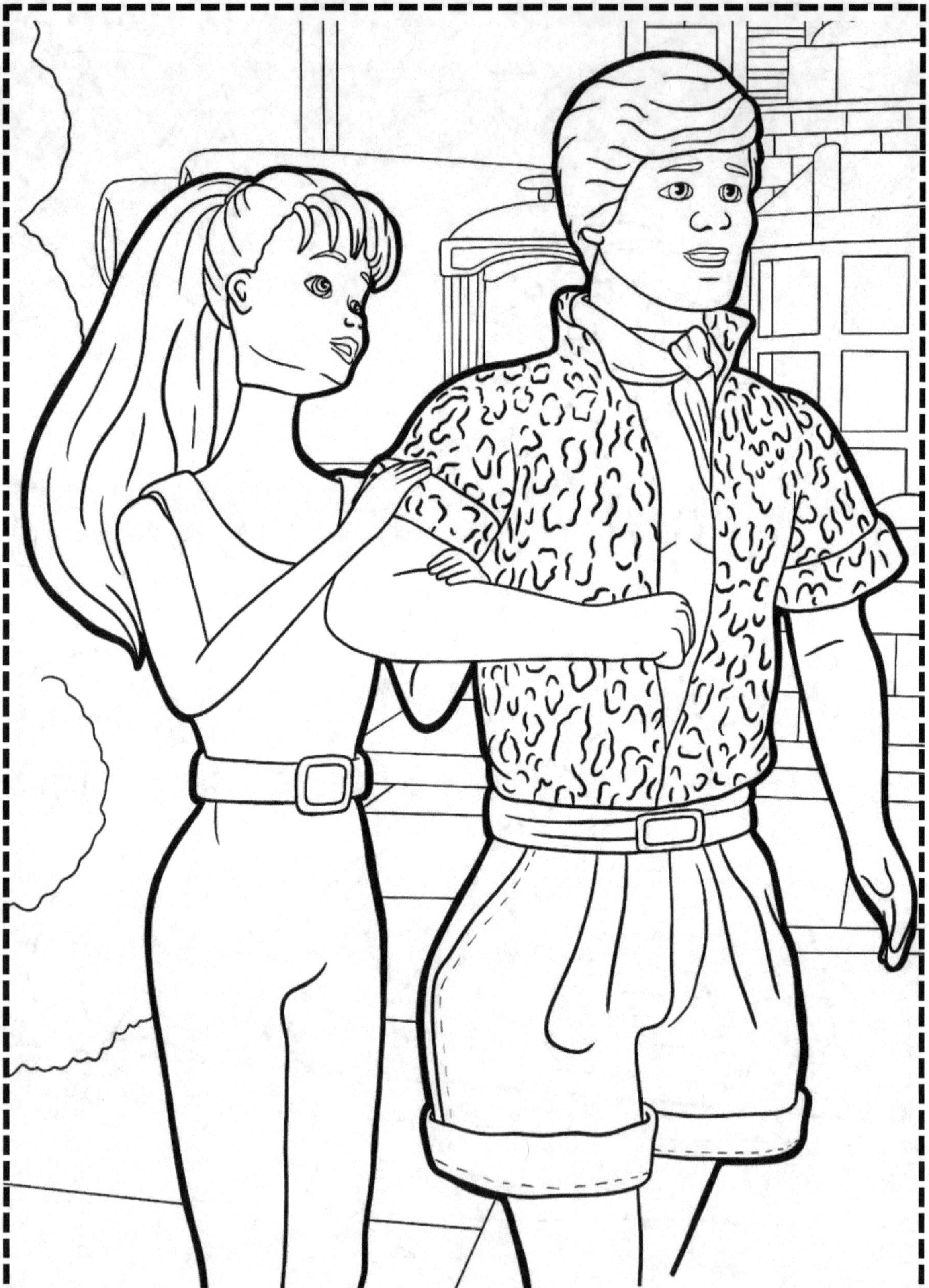

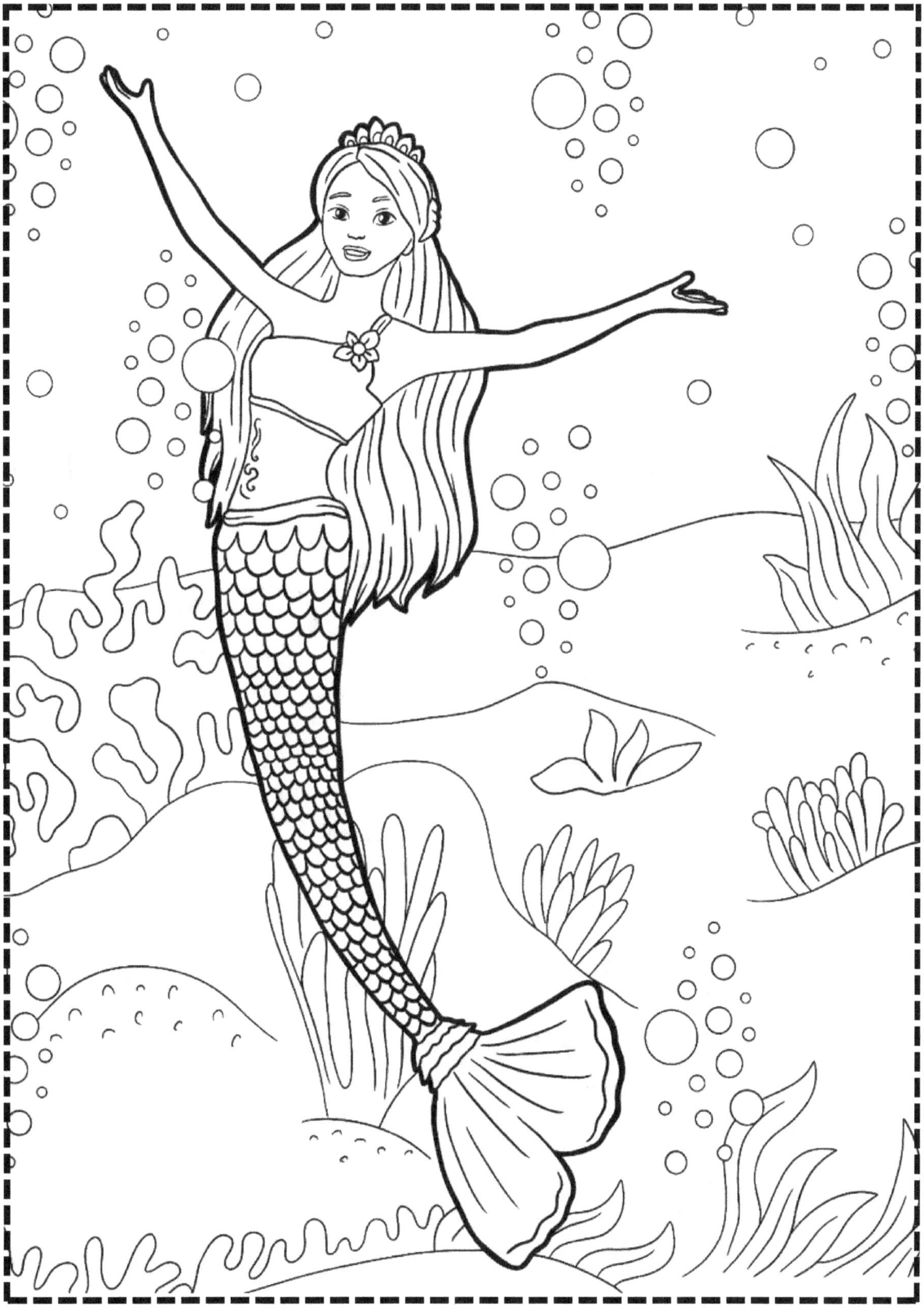

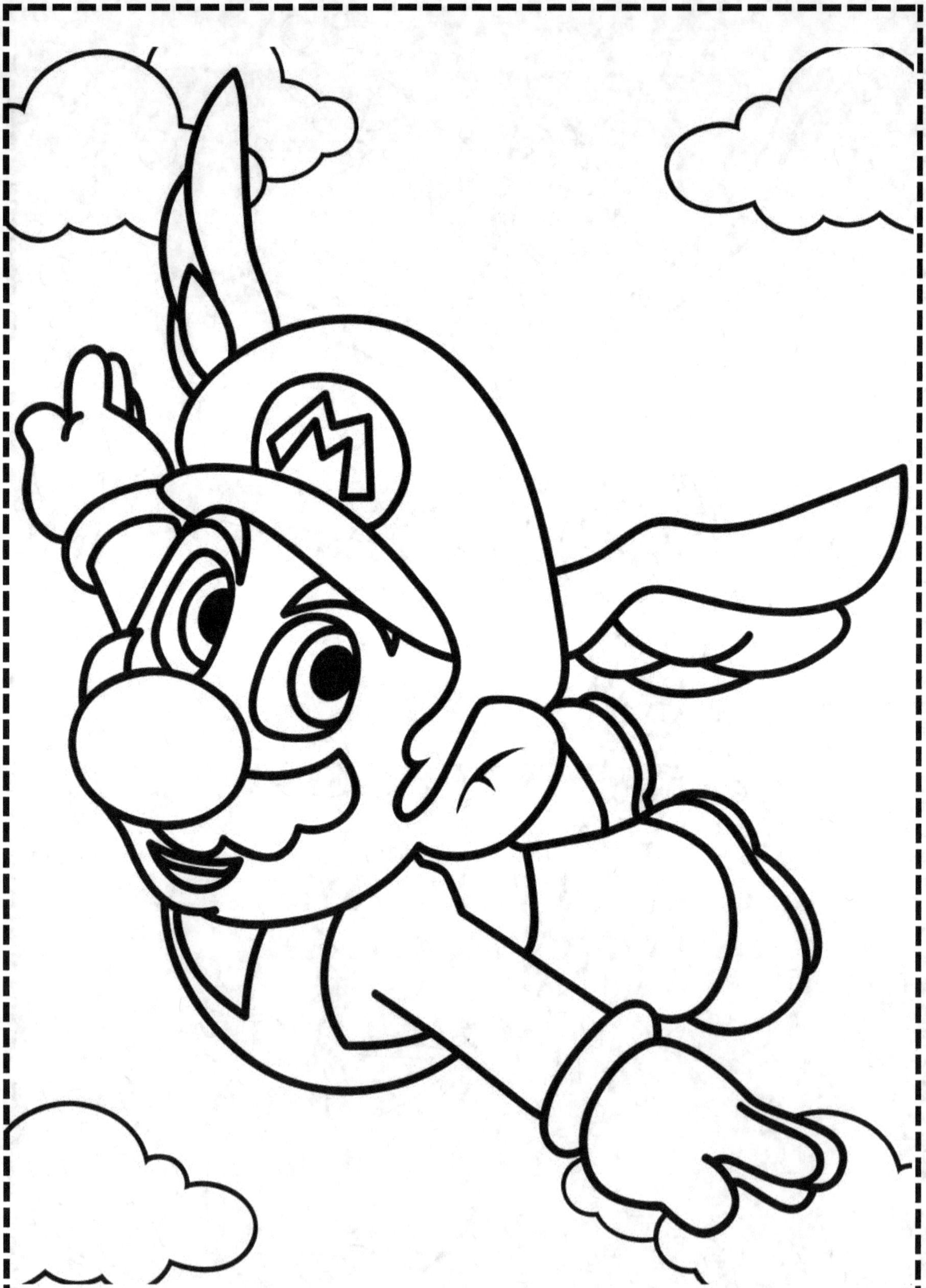
M

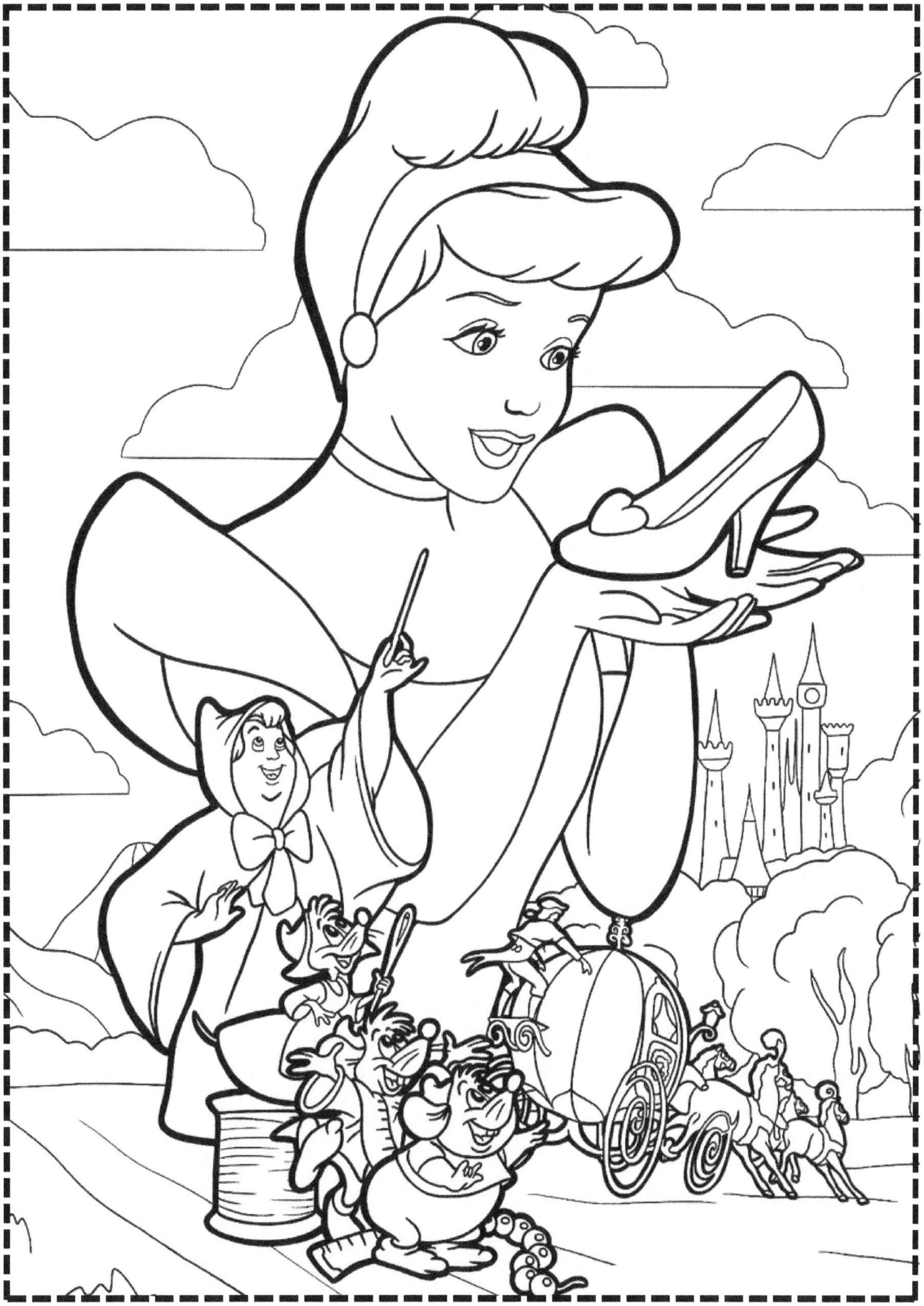

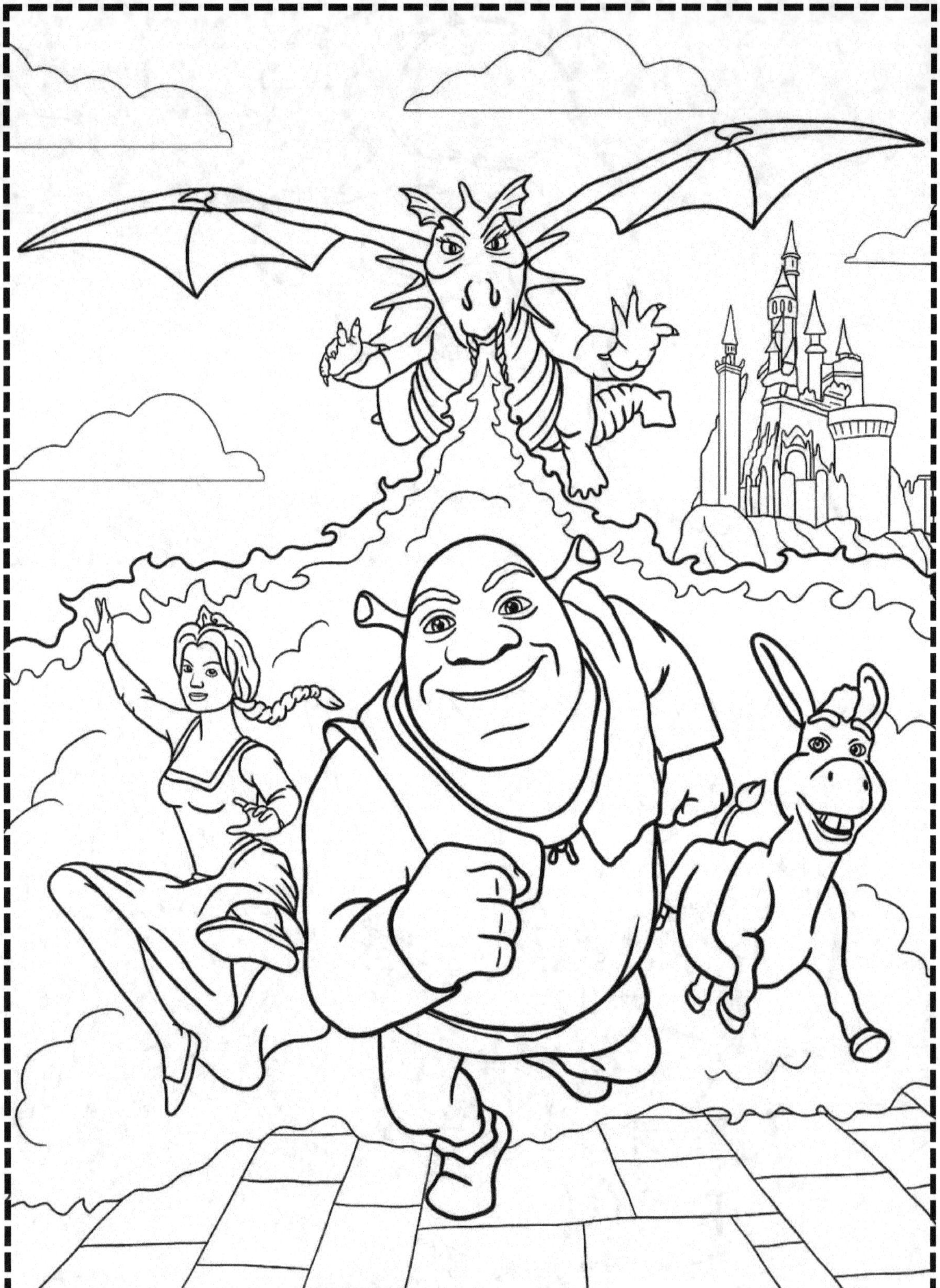

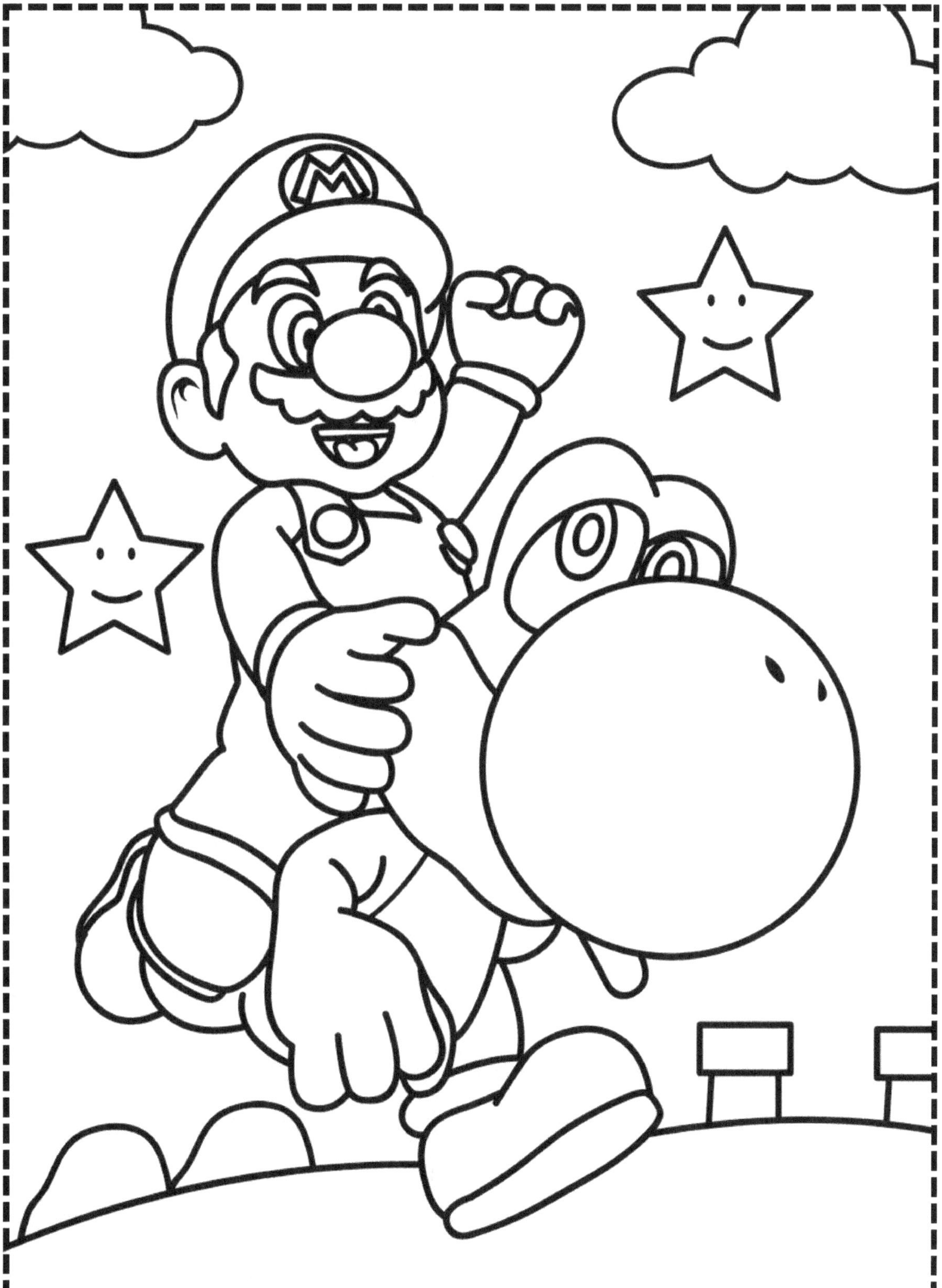

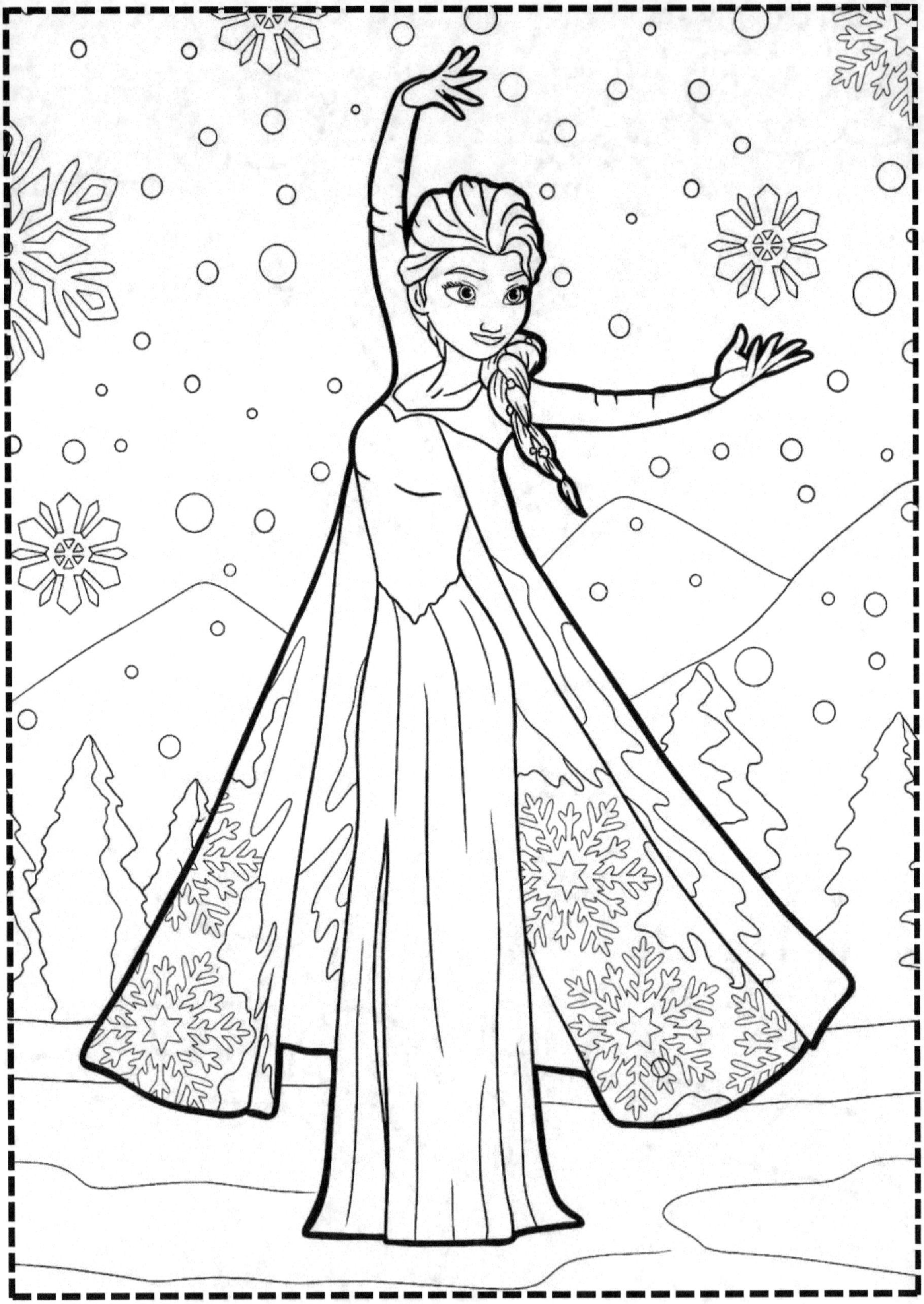

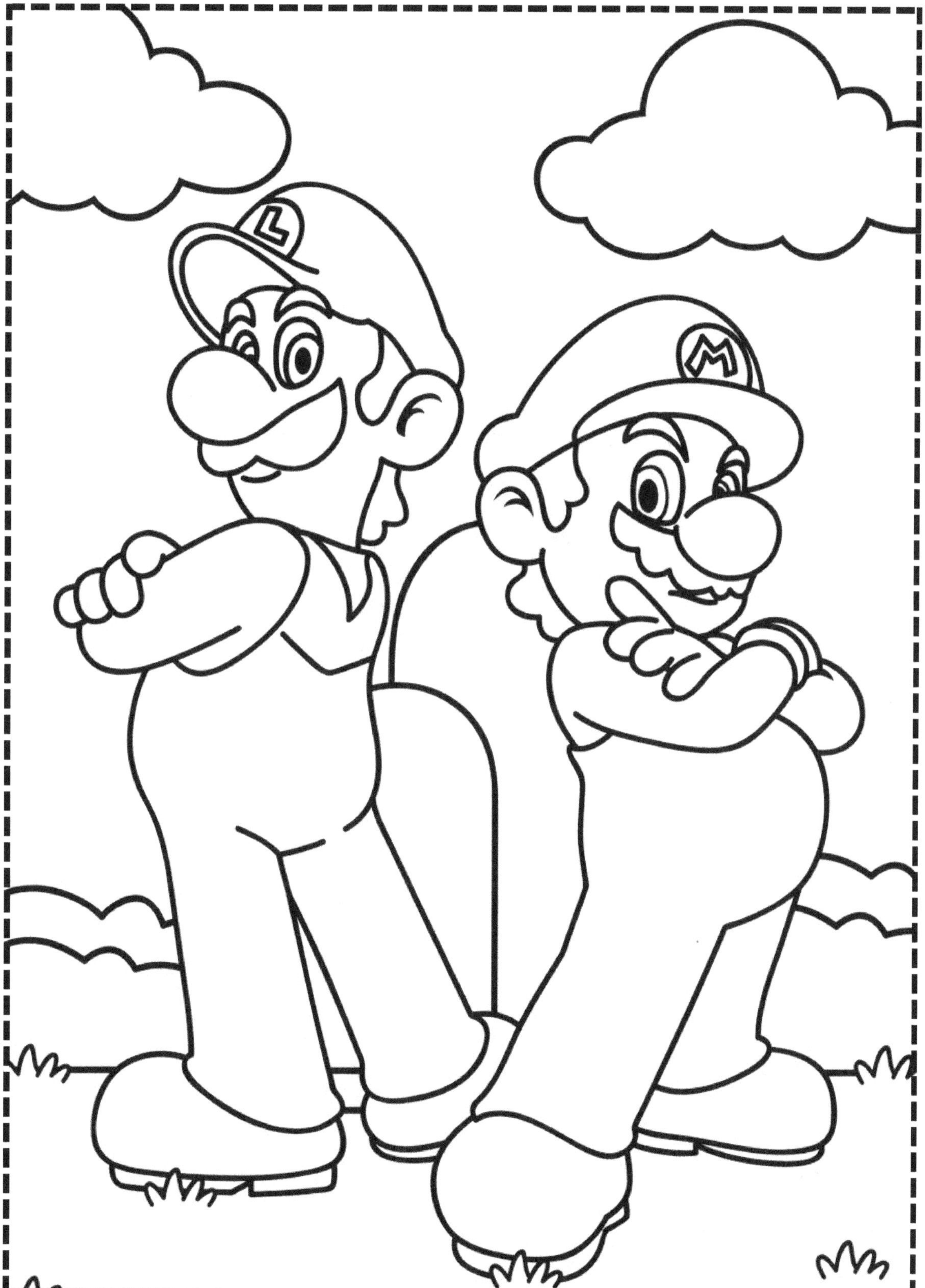
L
M

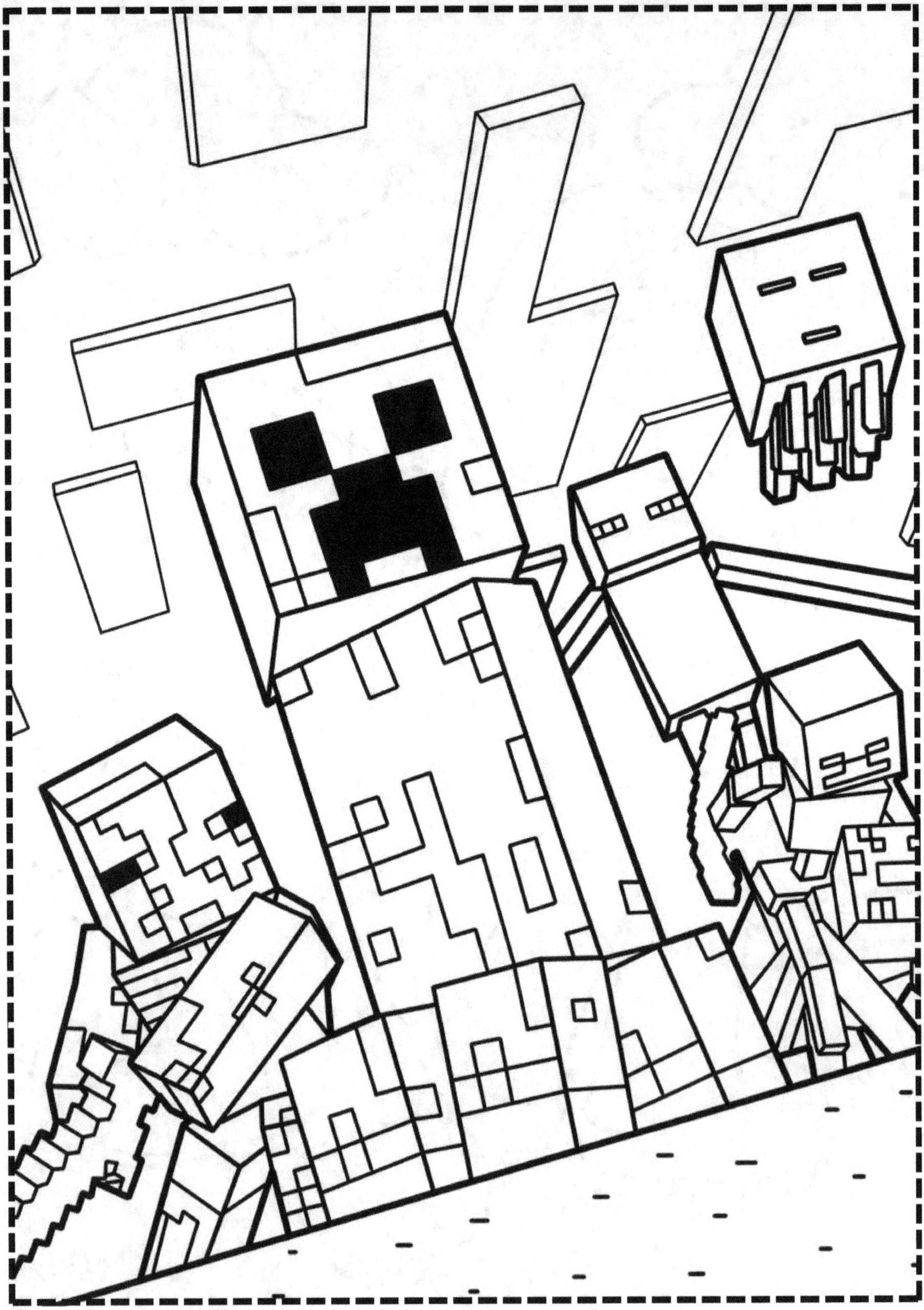

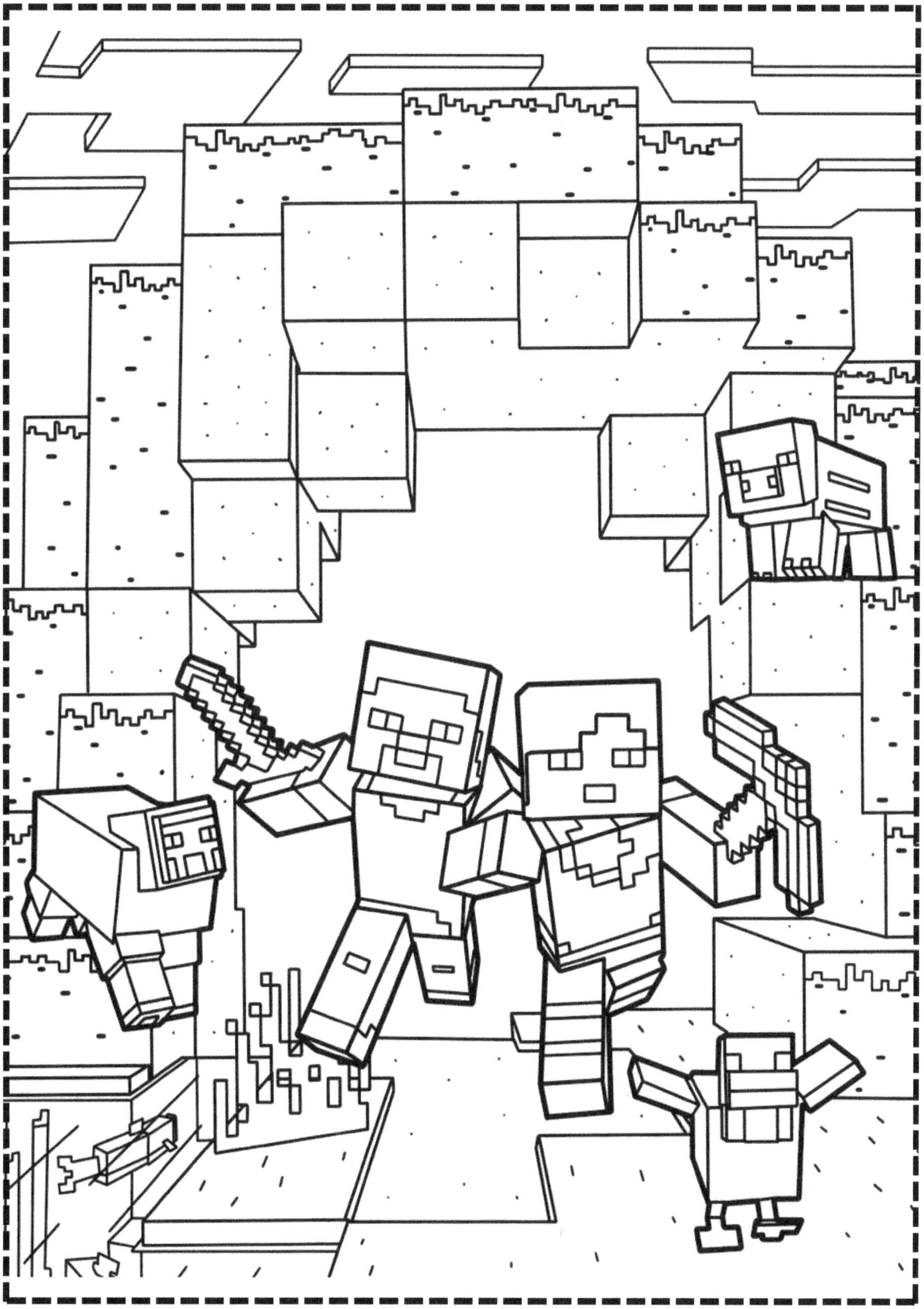

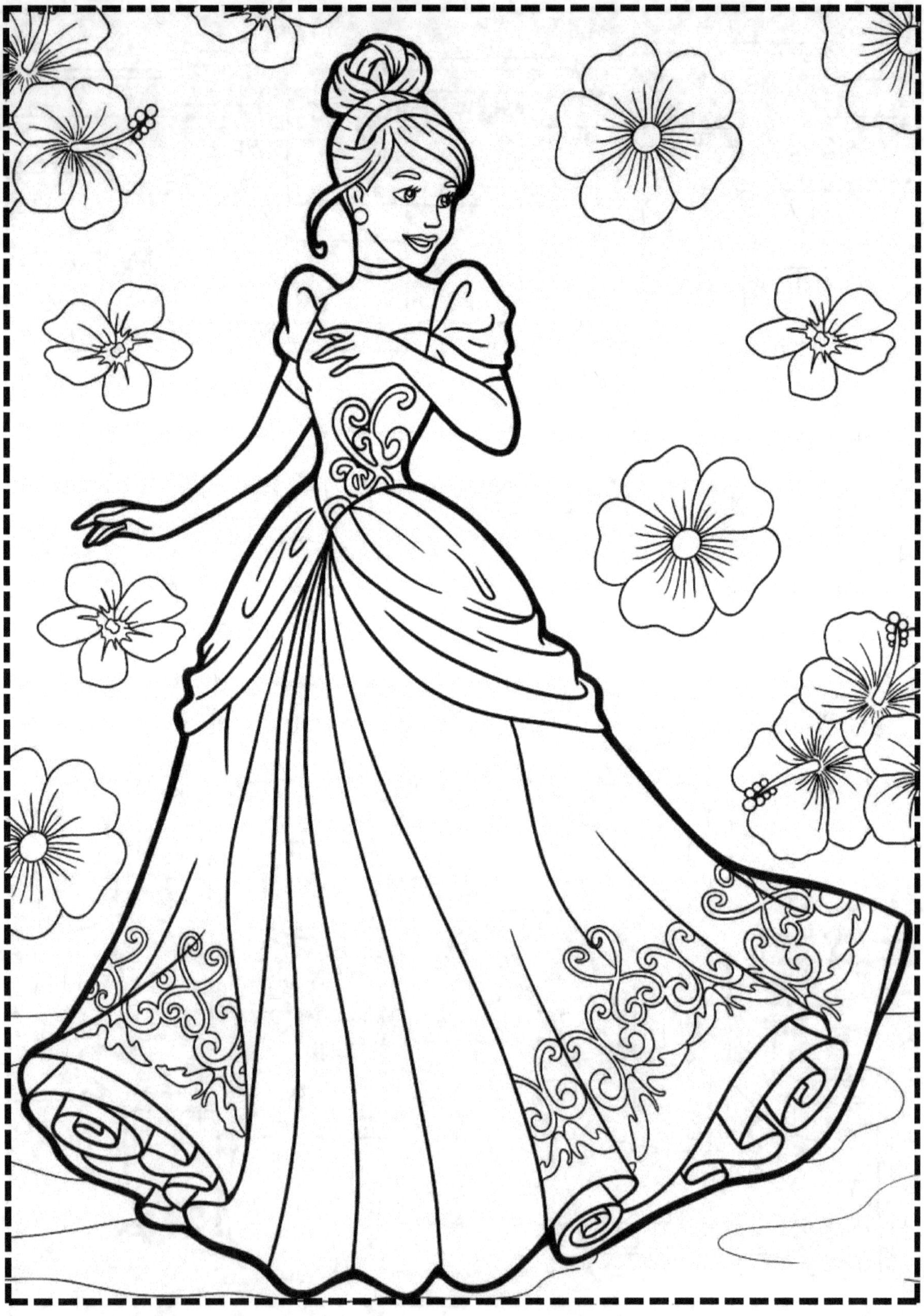

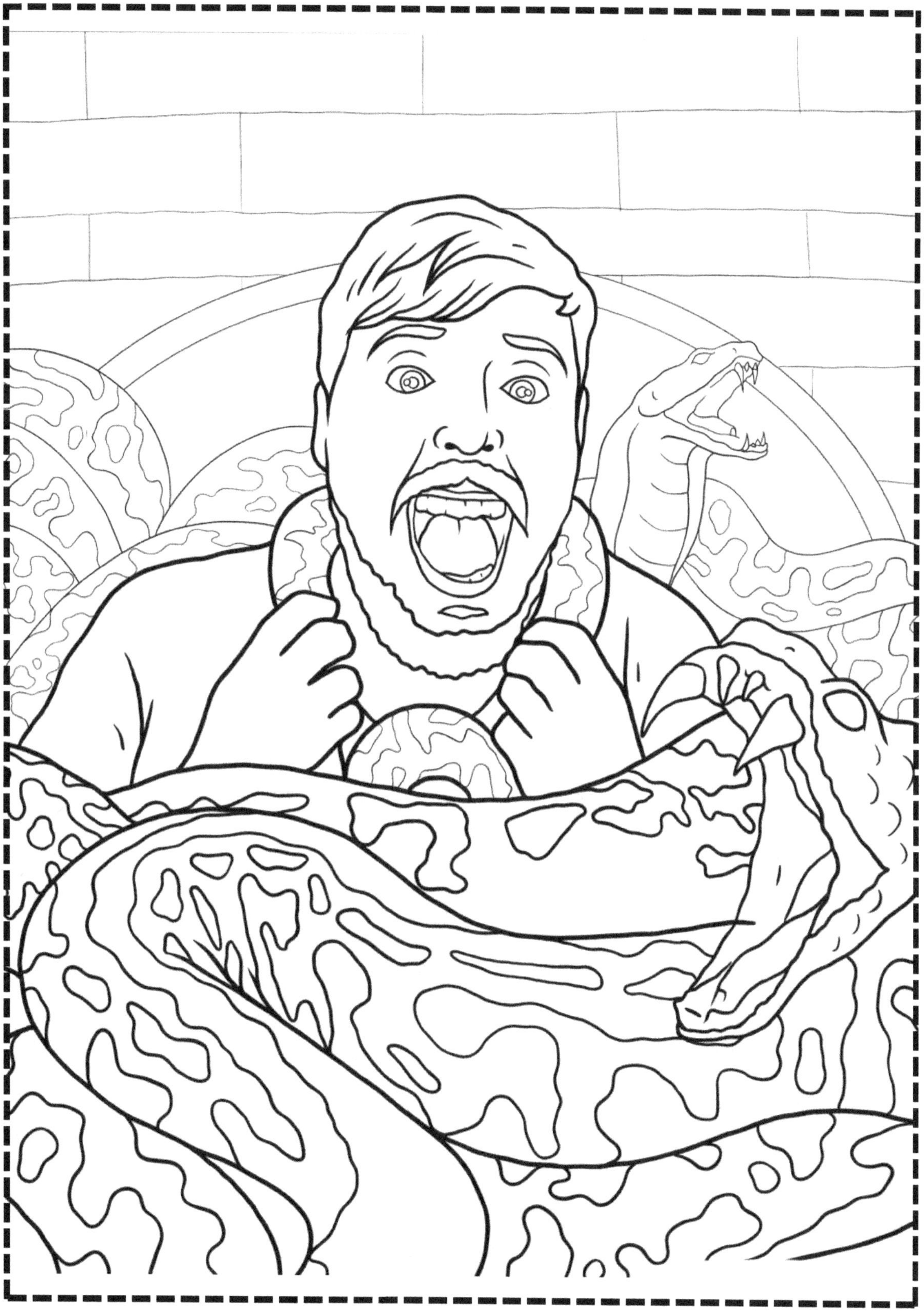

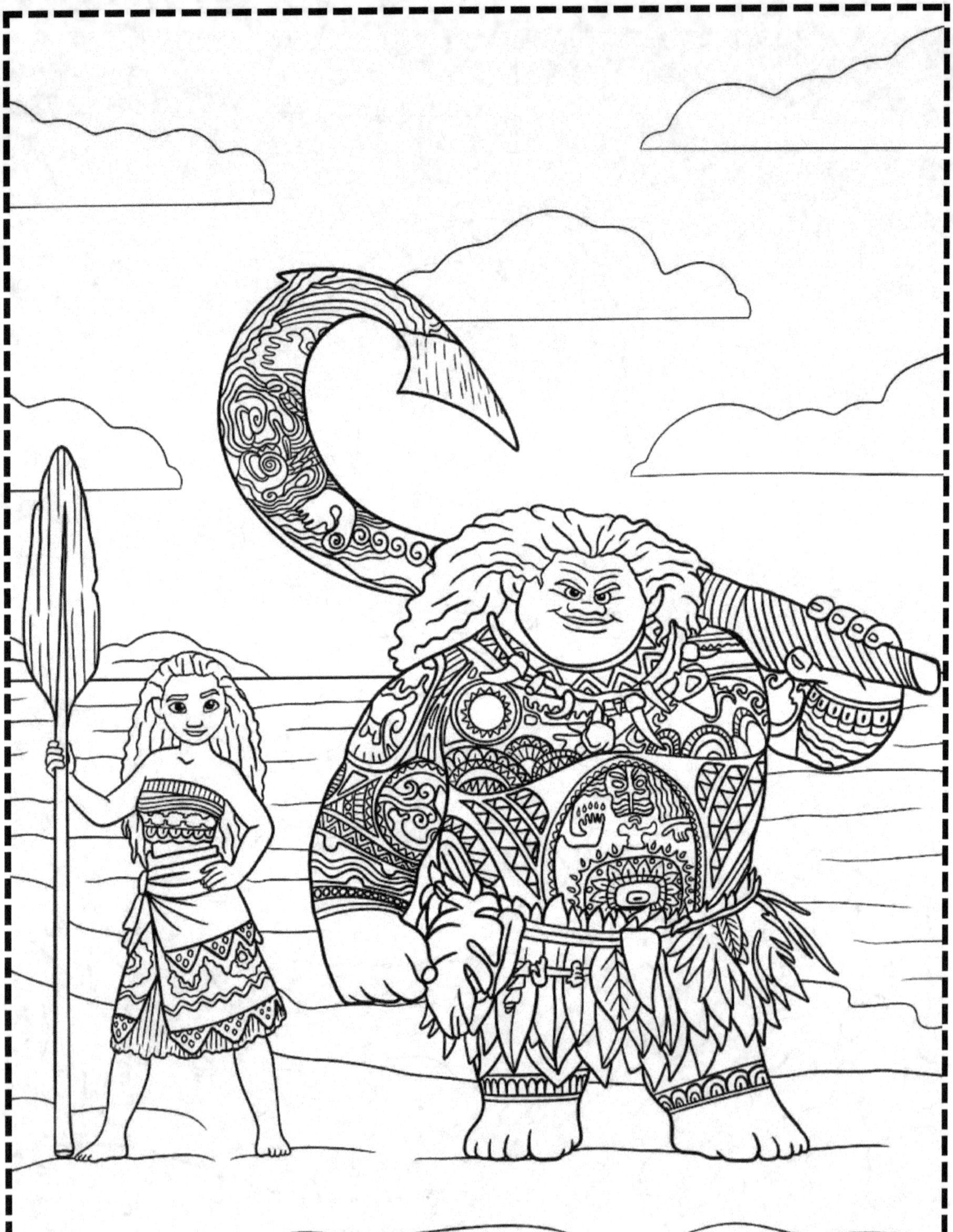

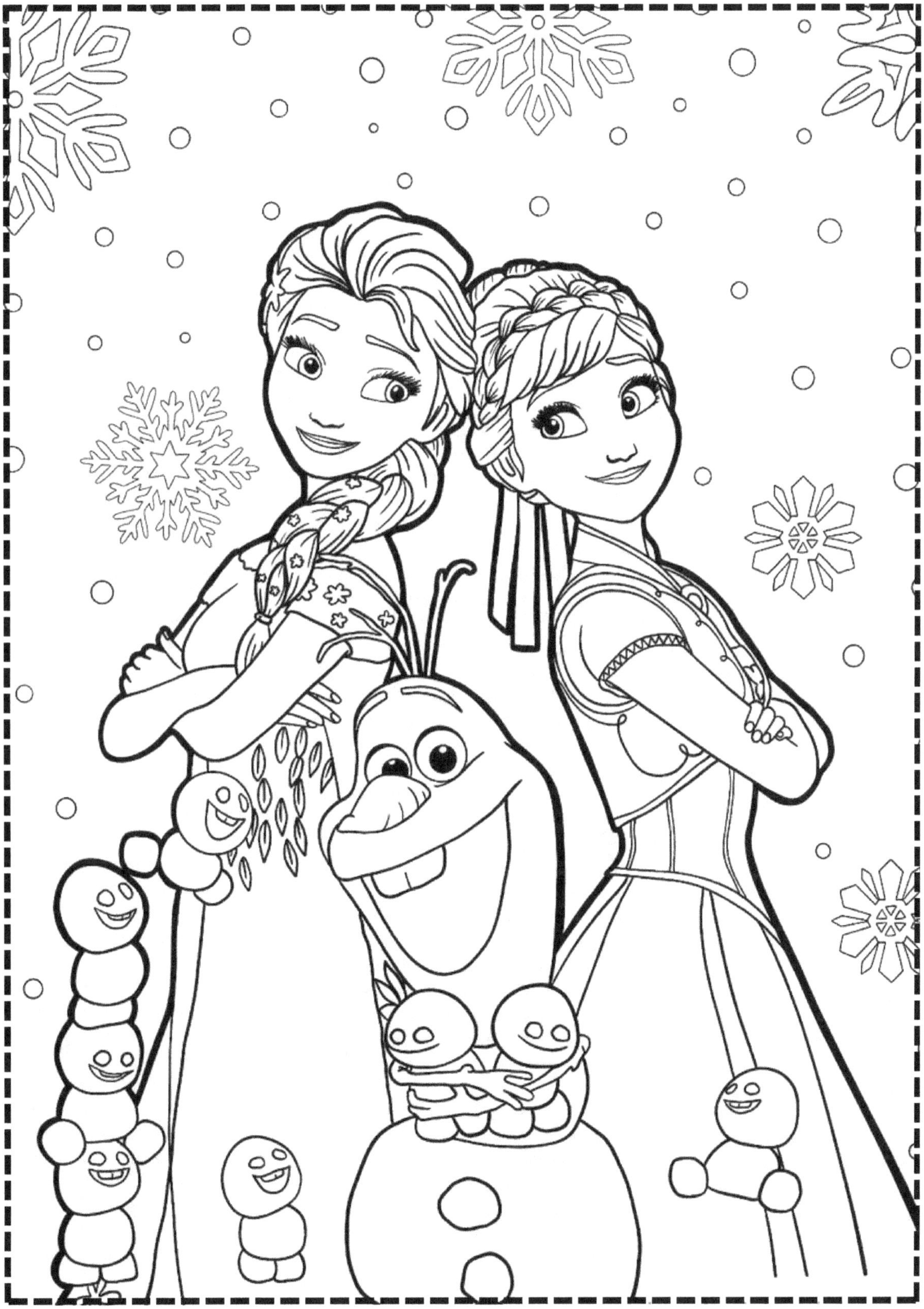

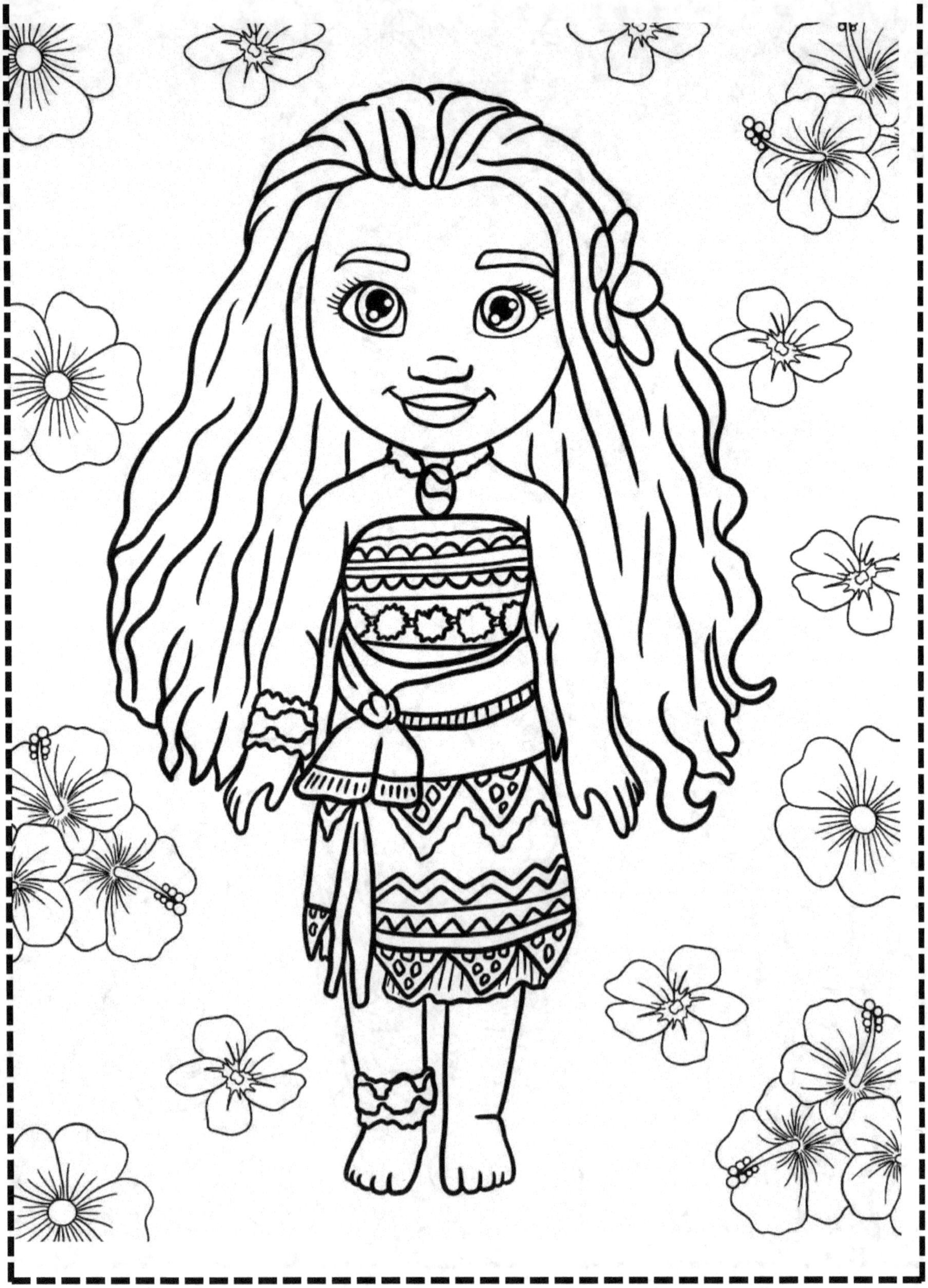

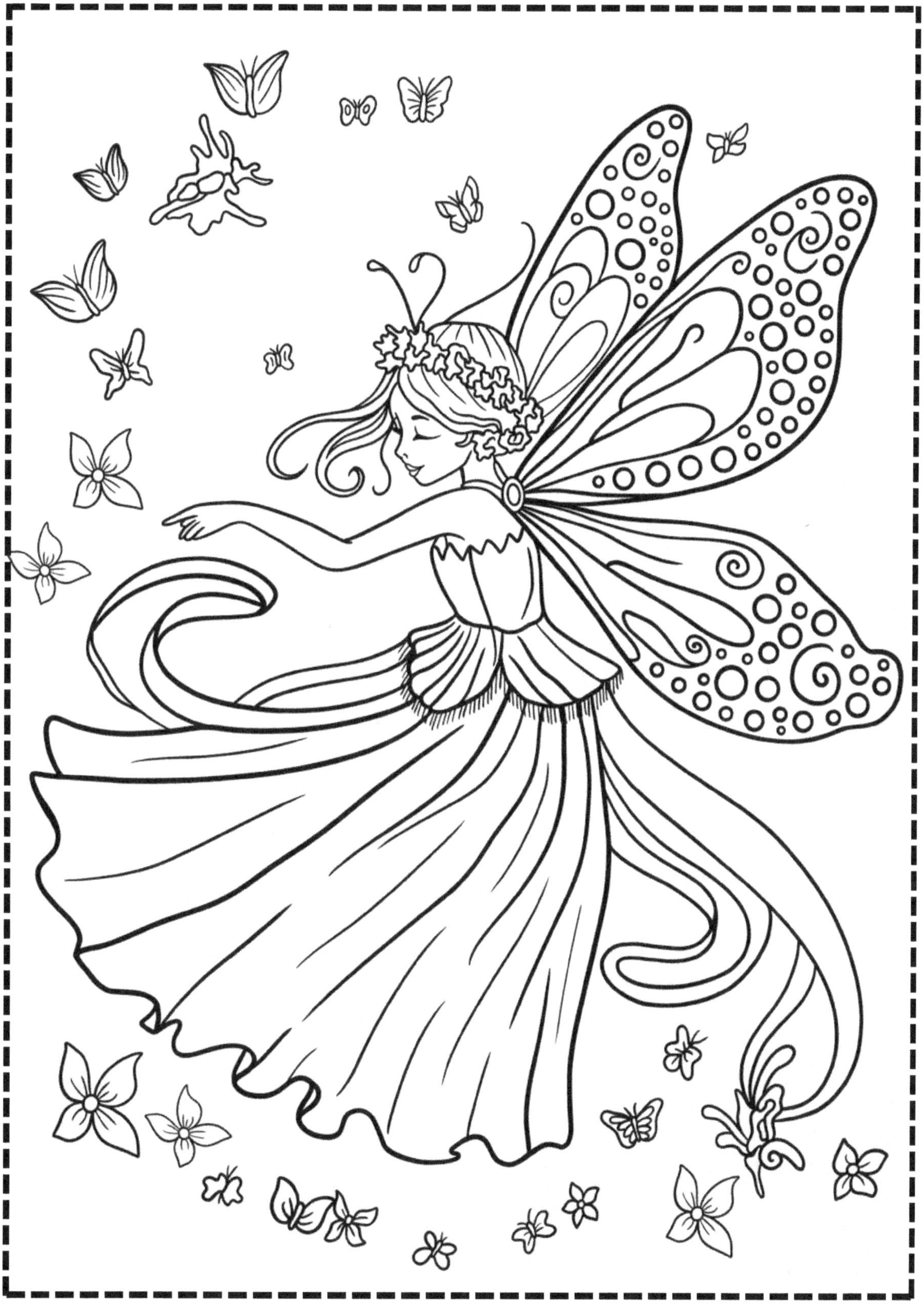

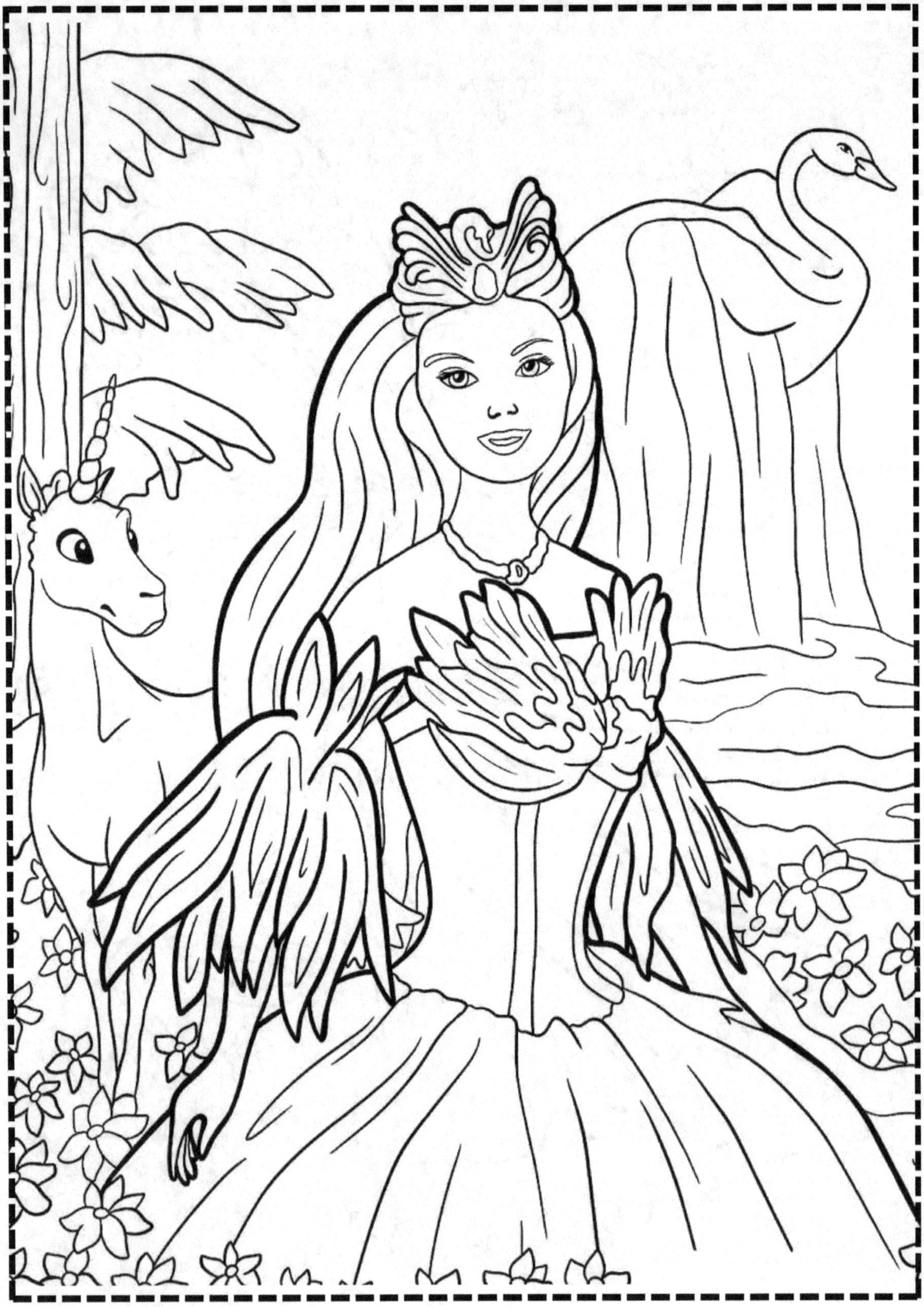

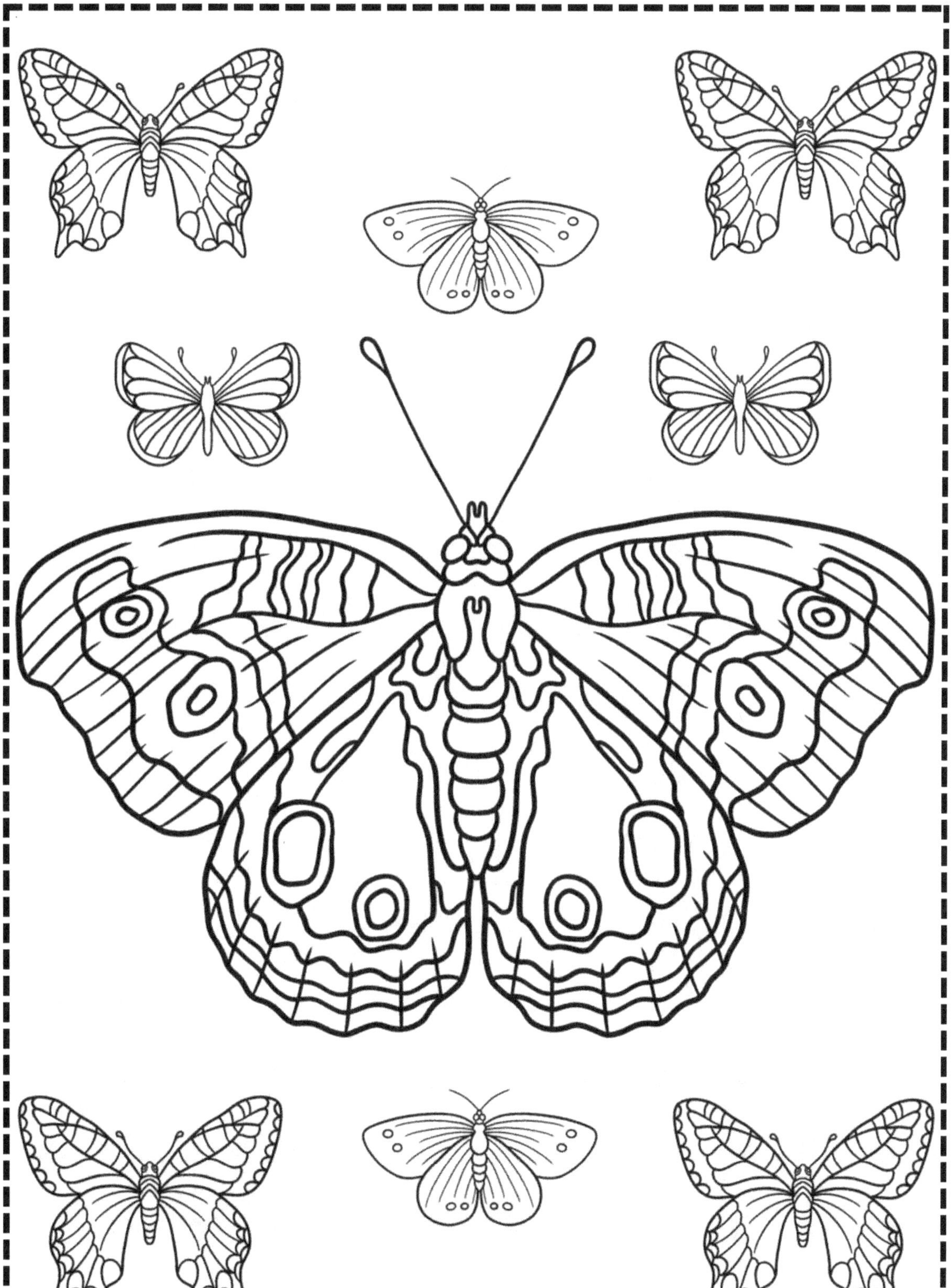

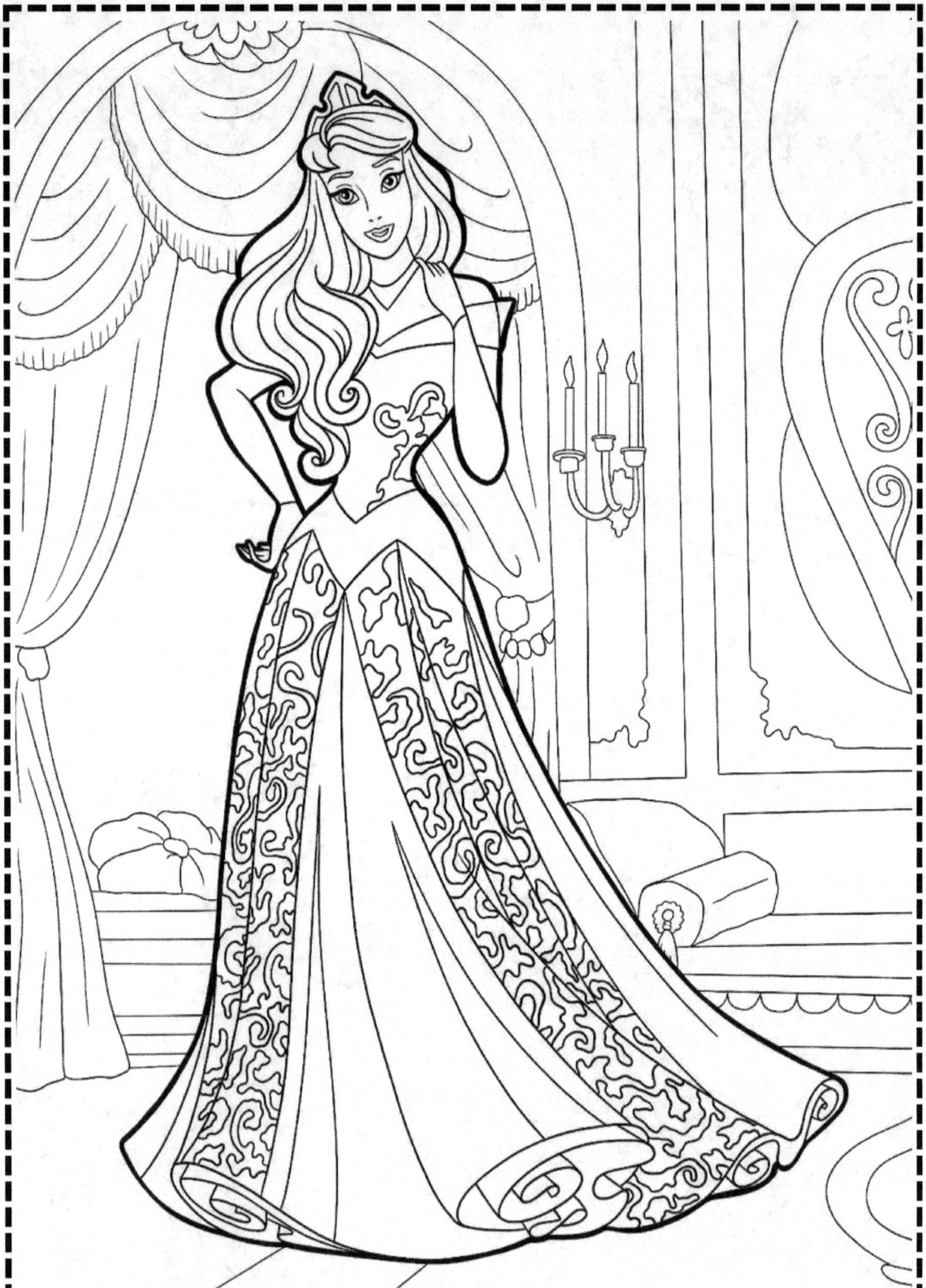

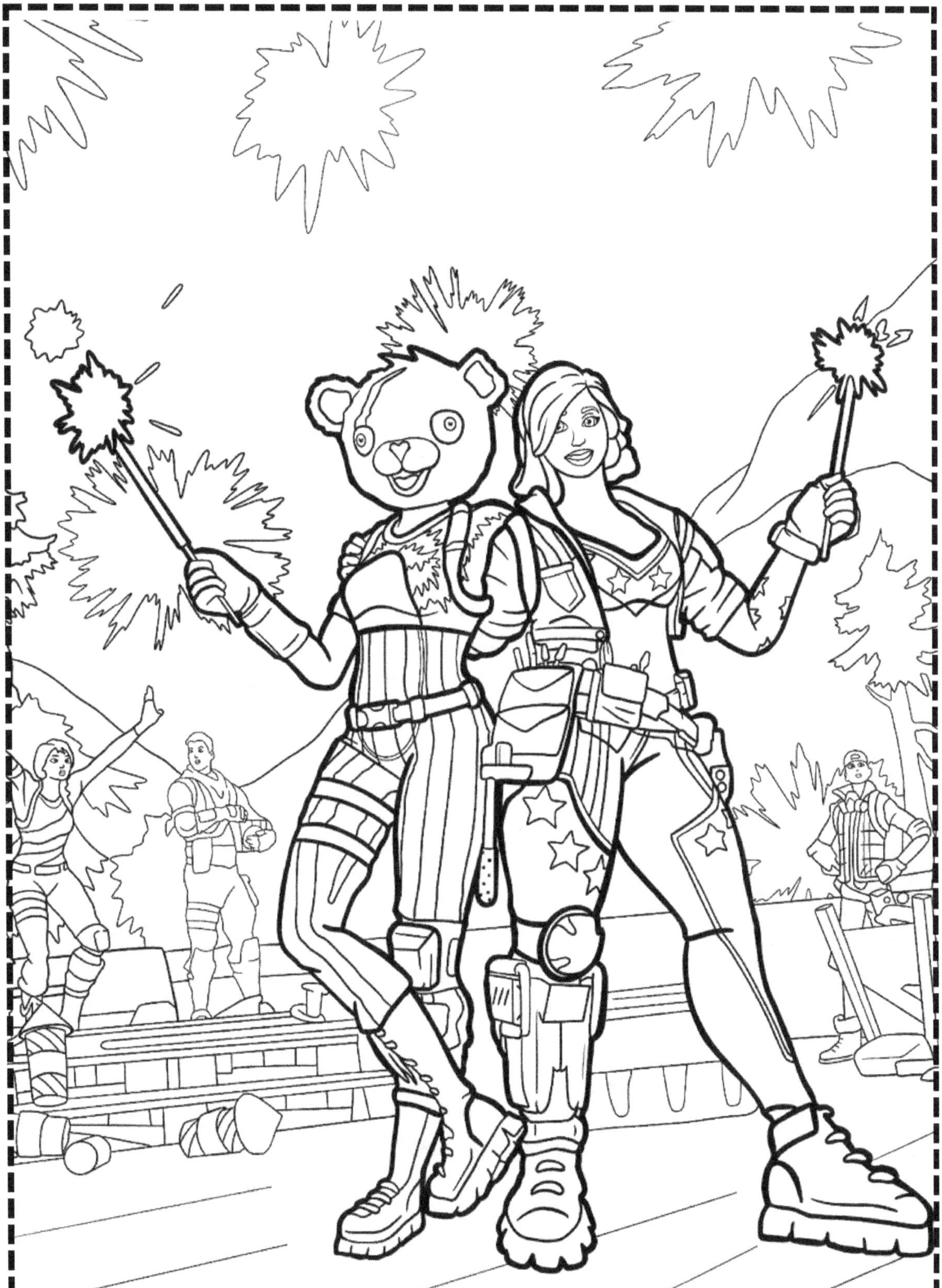

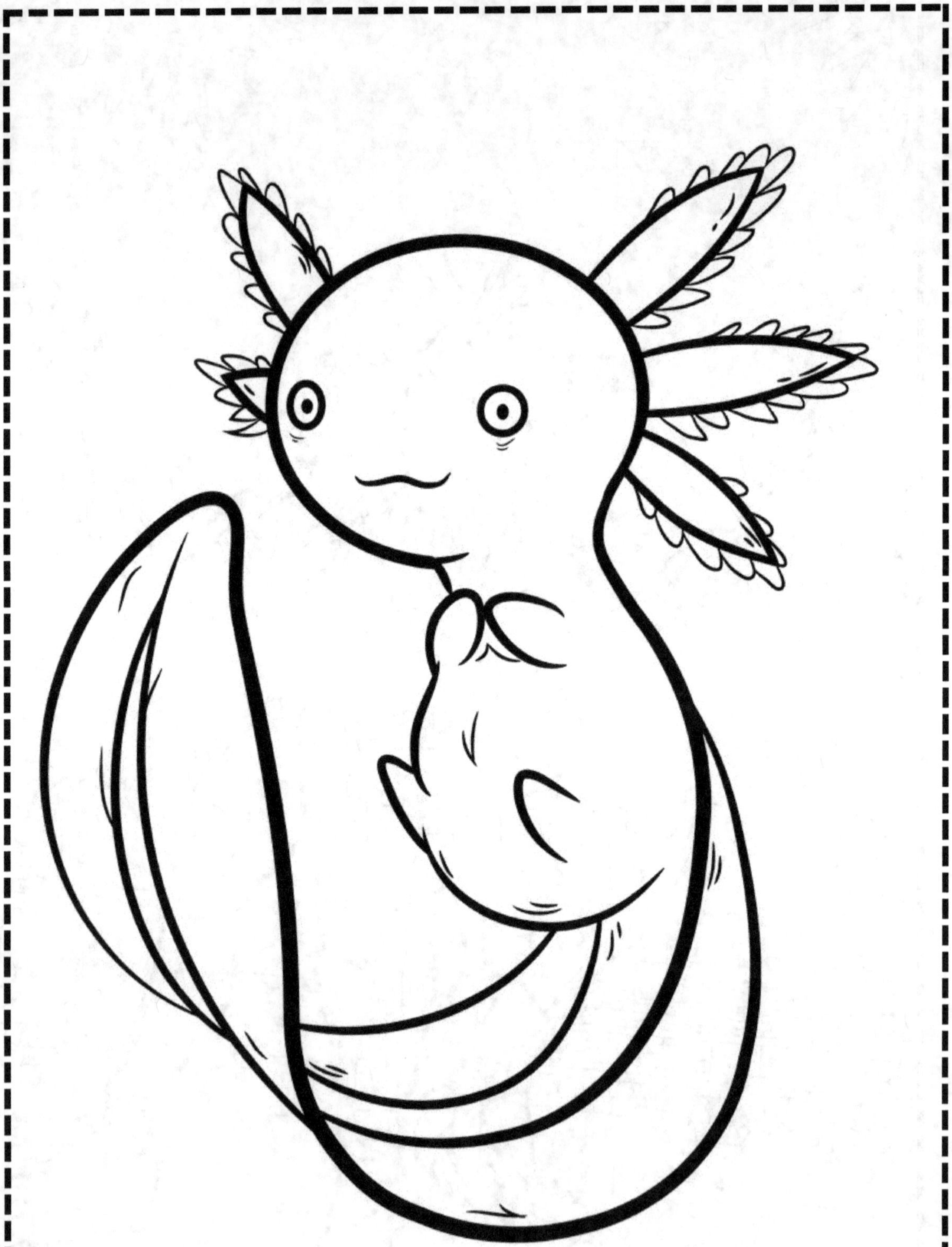

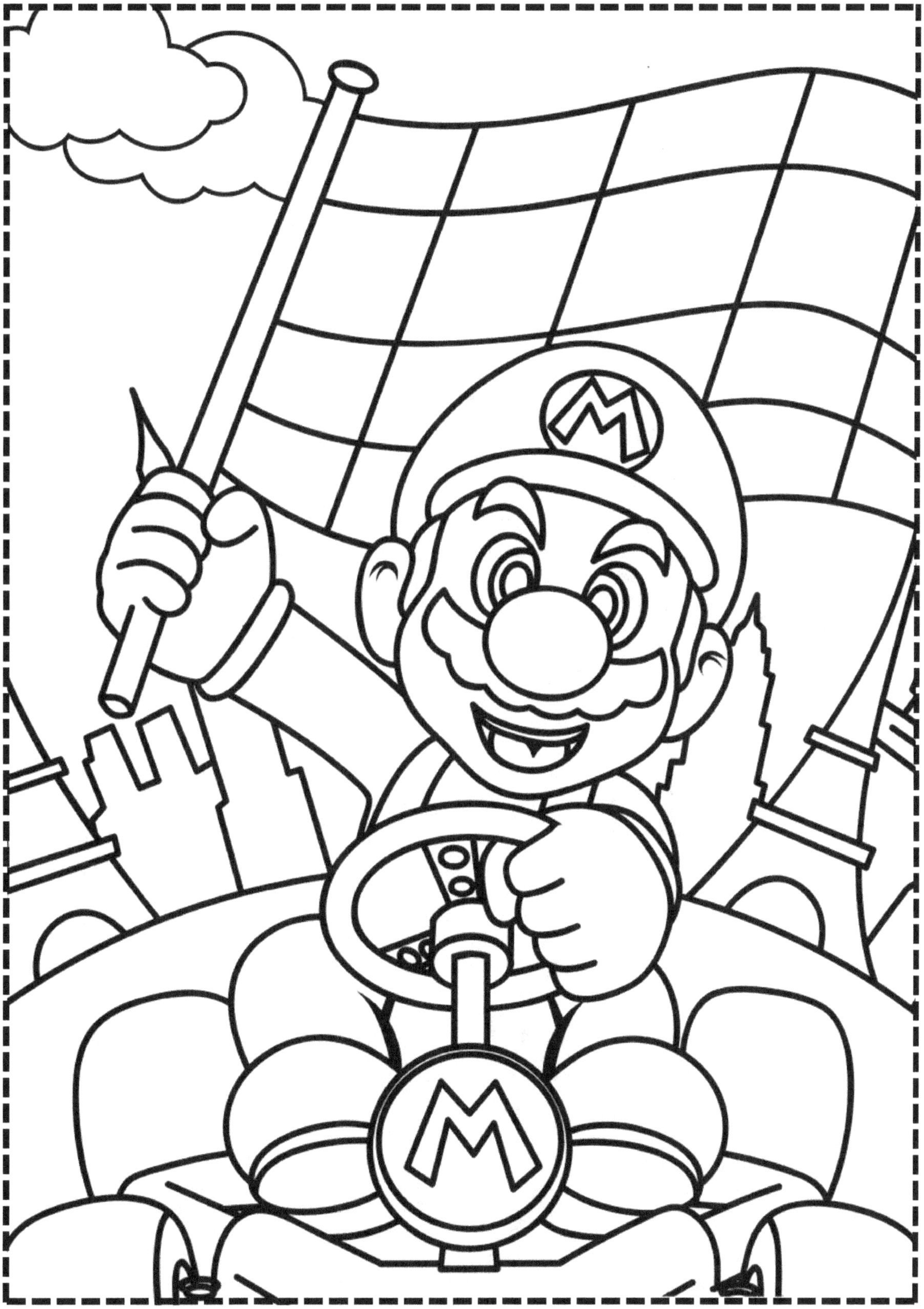

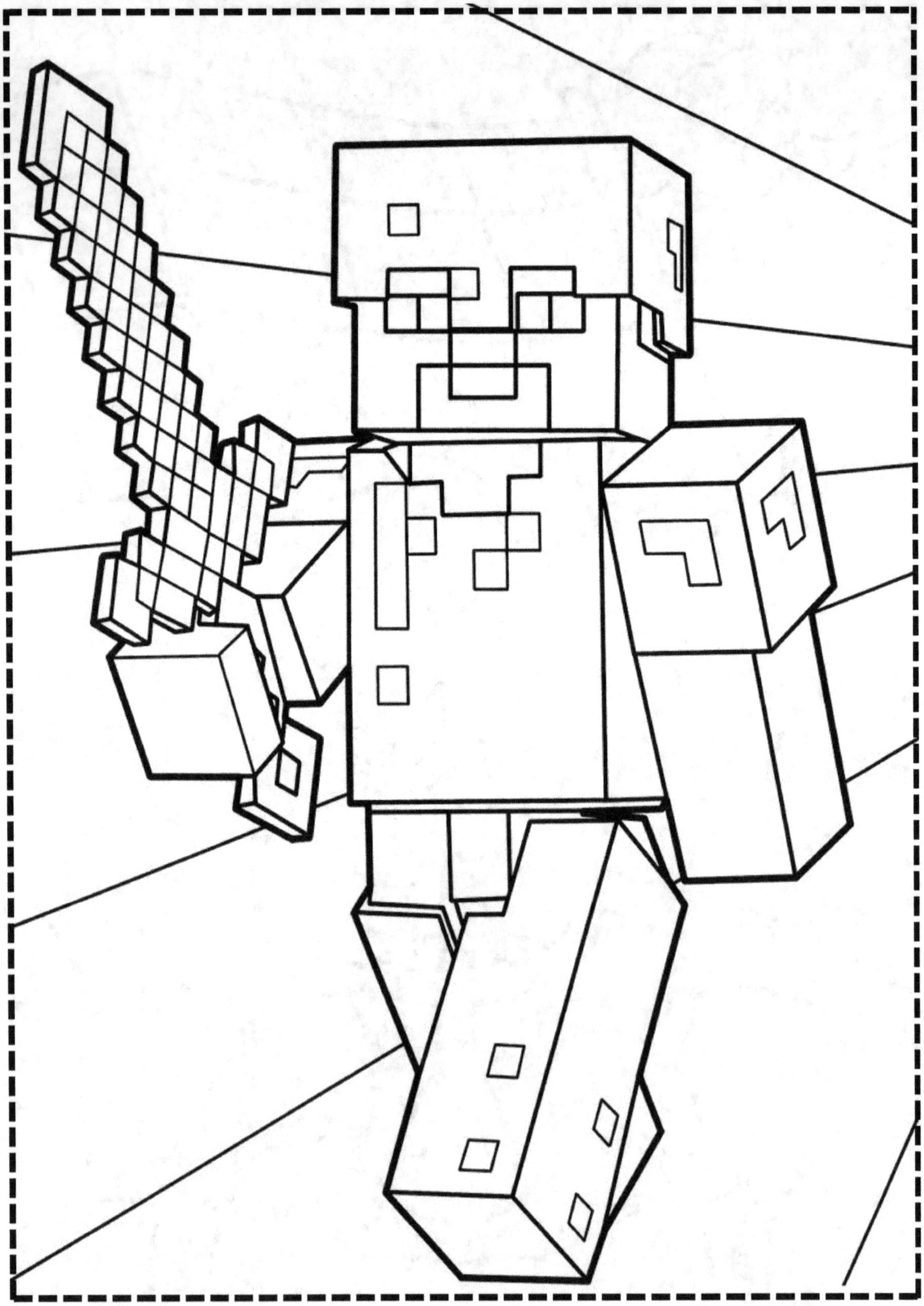

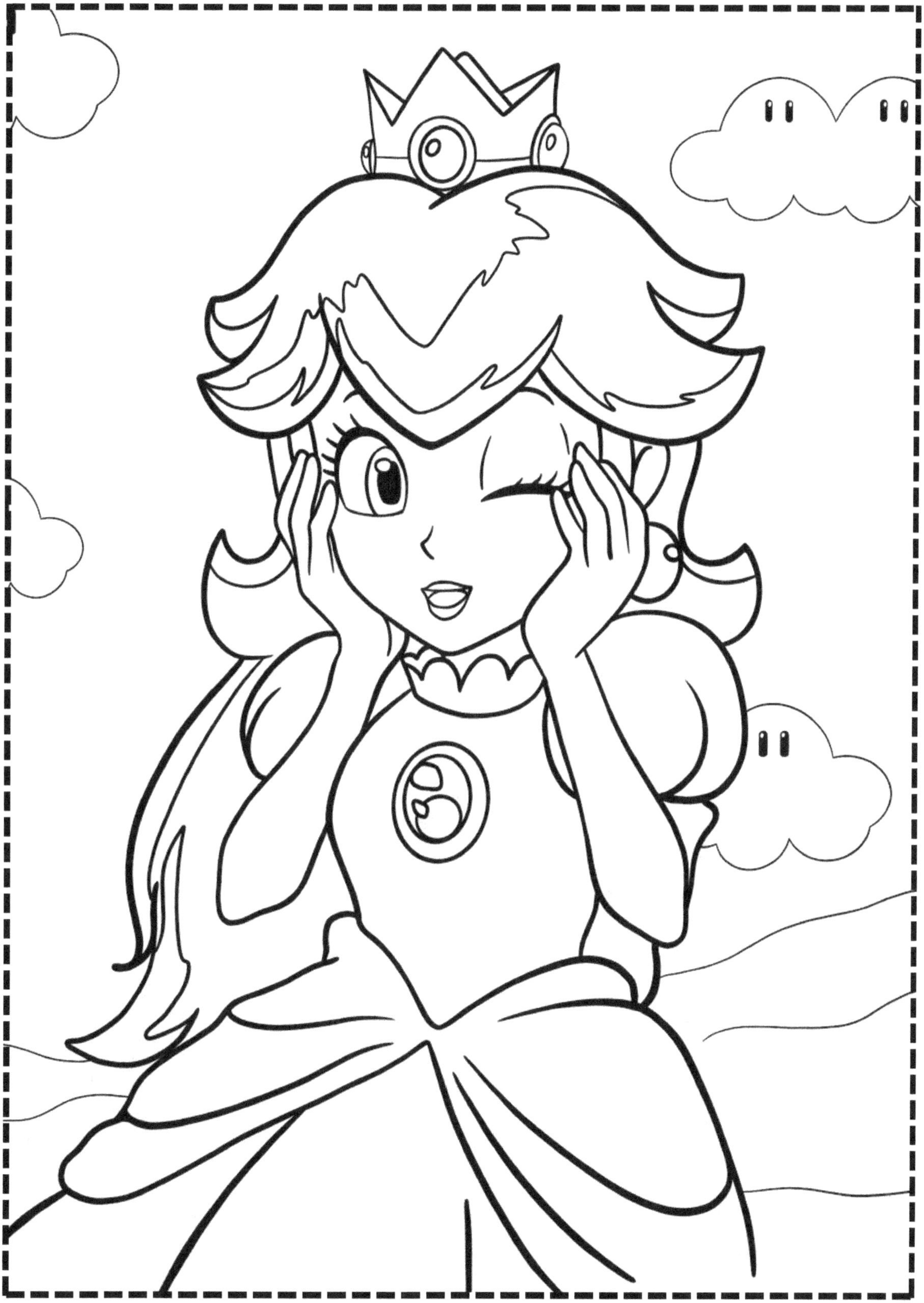

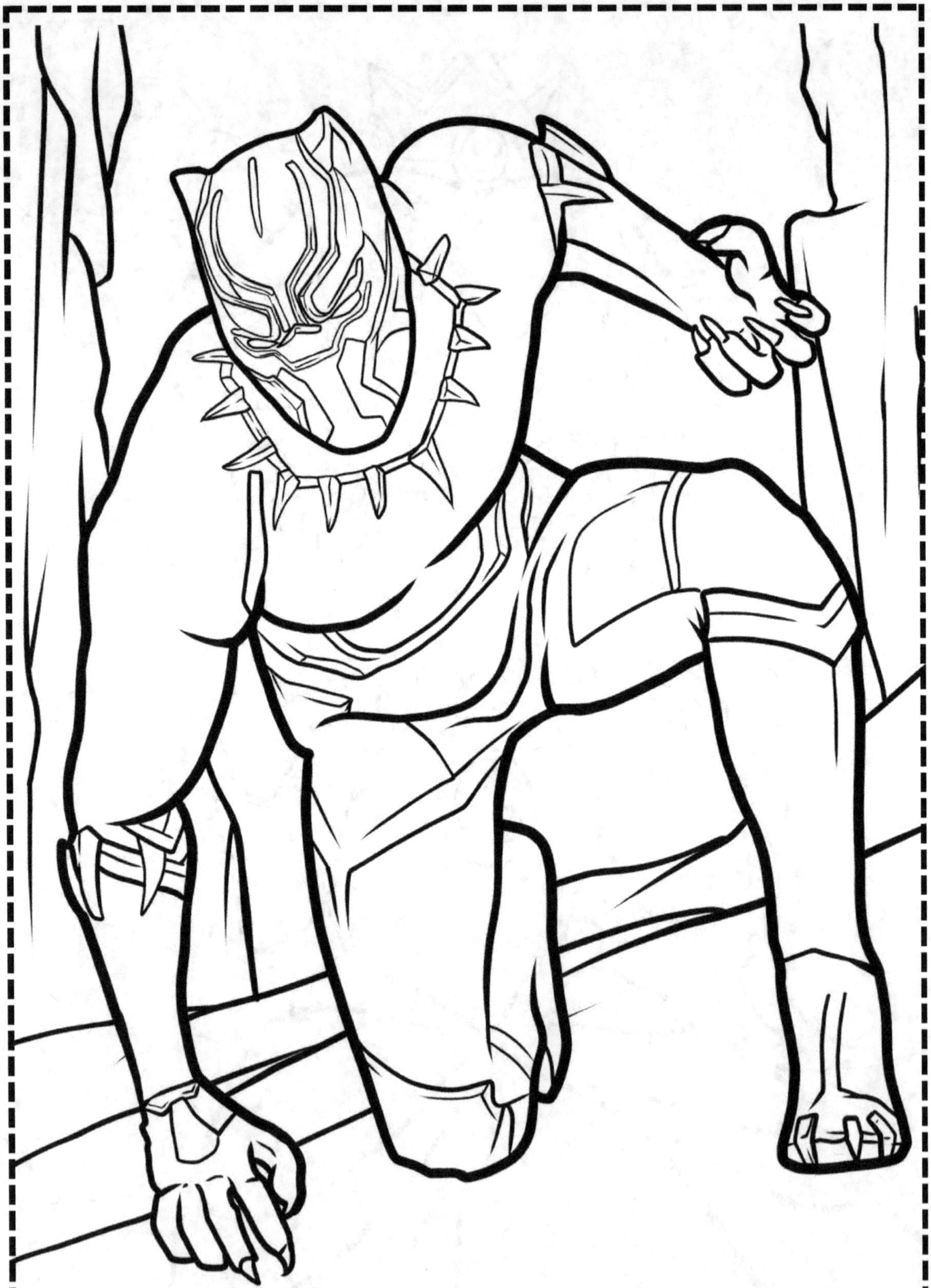

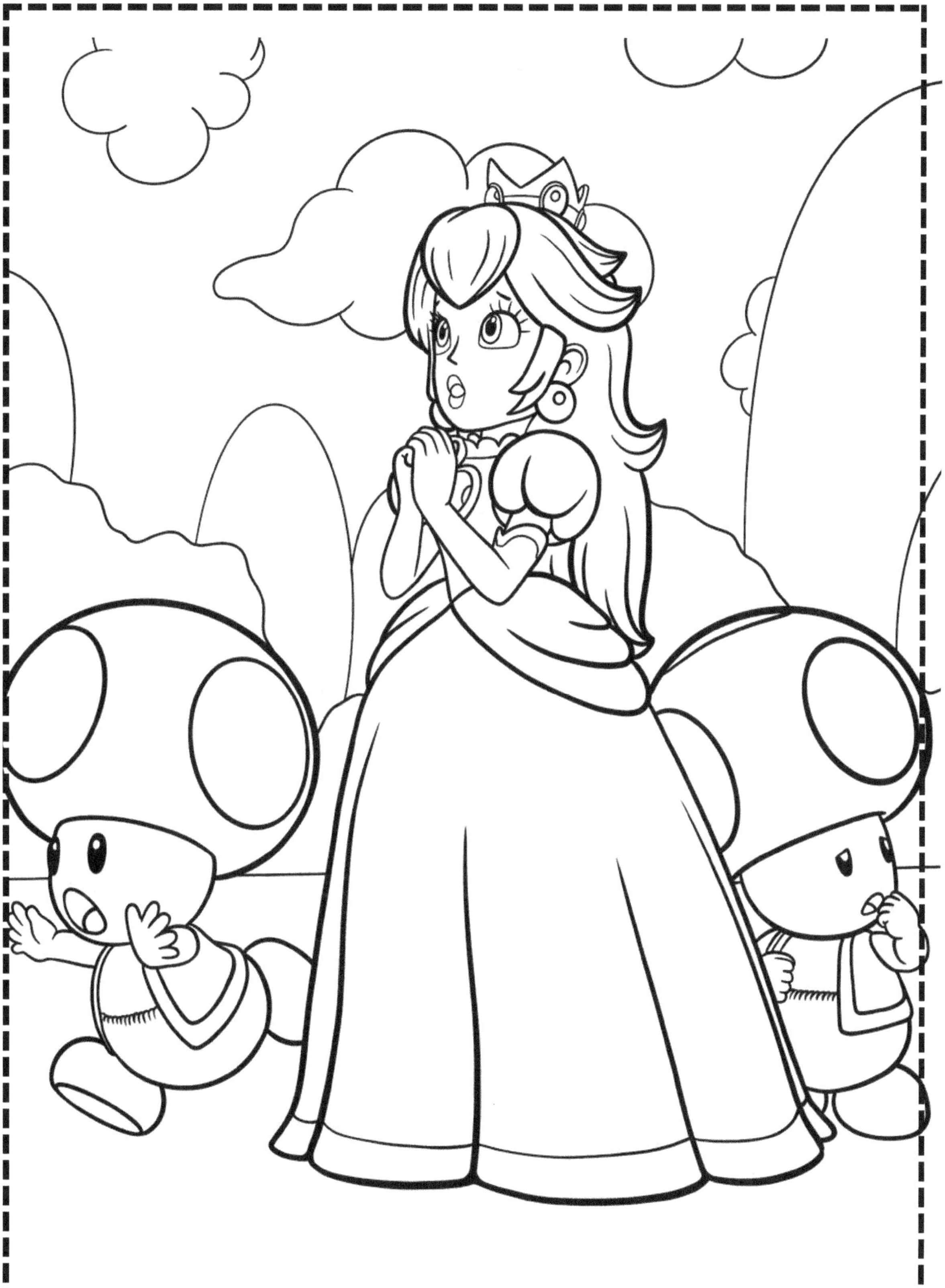

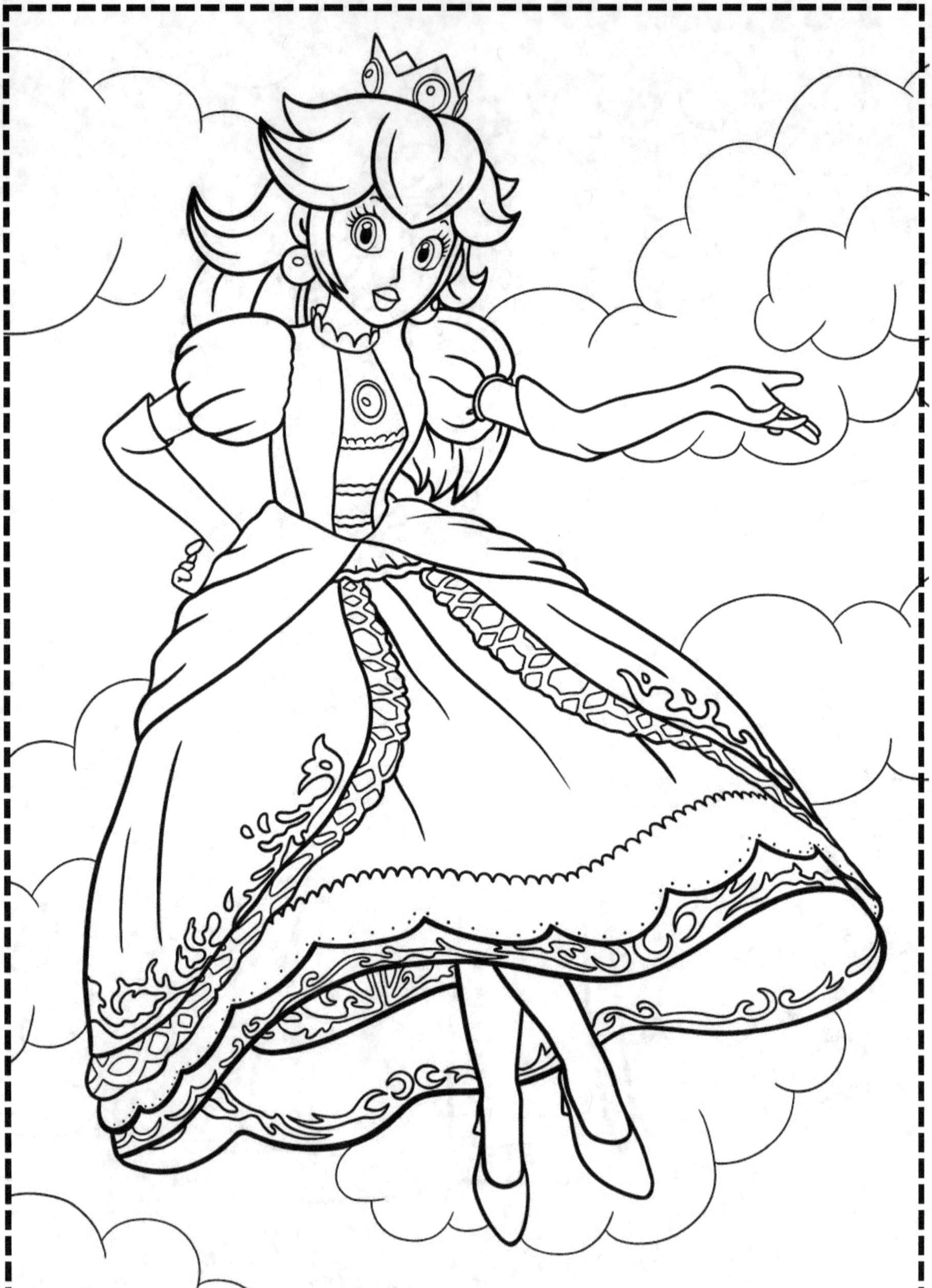

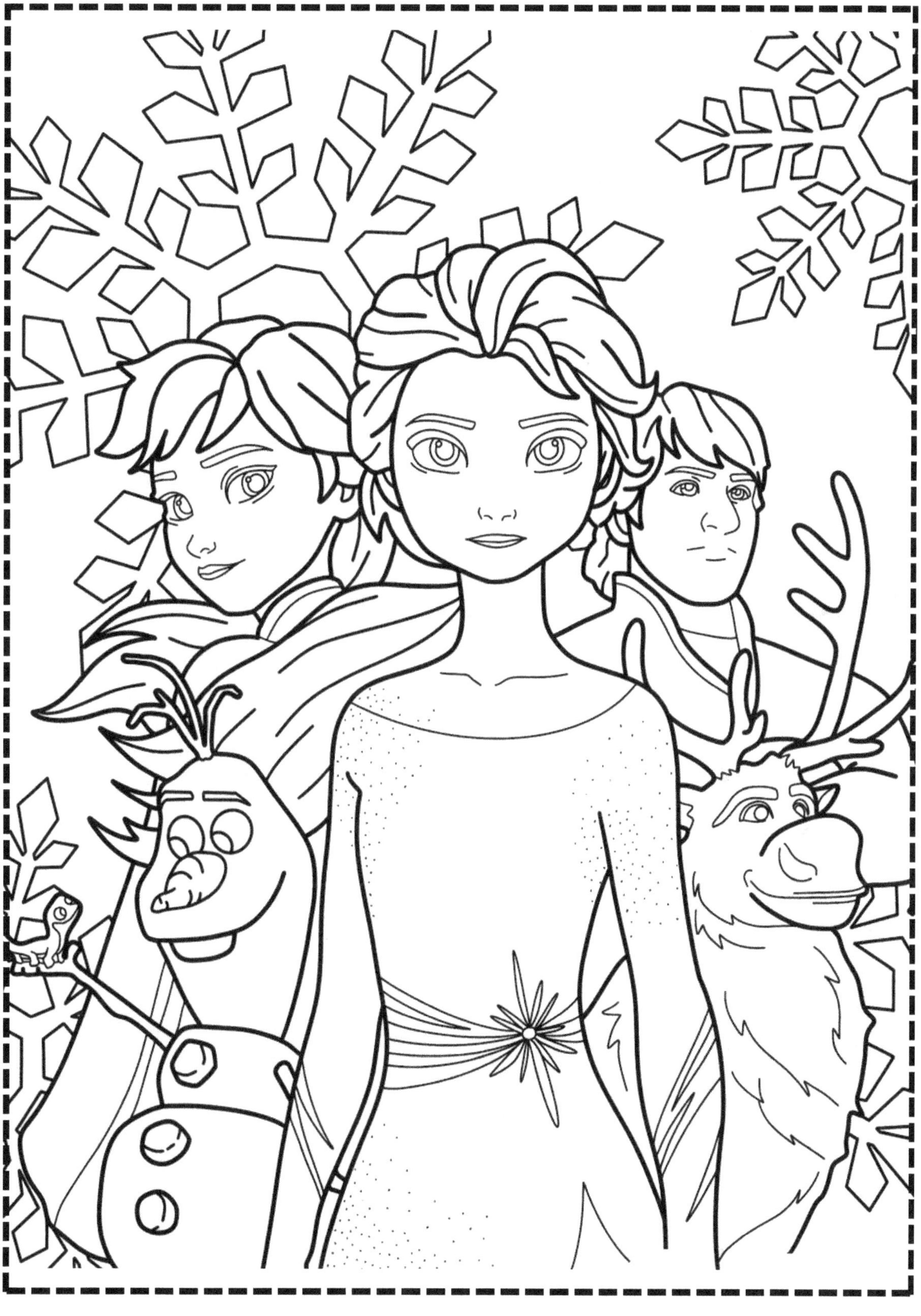

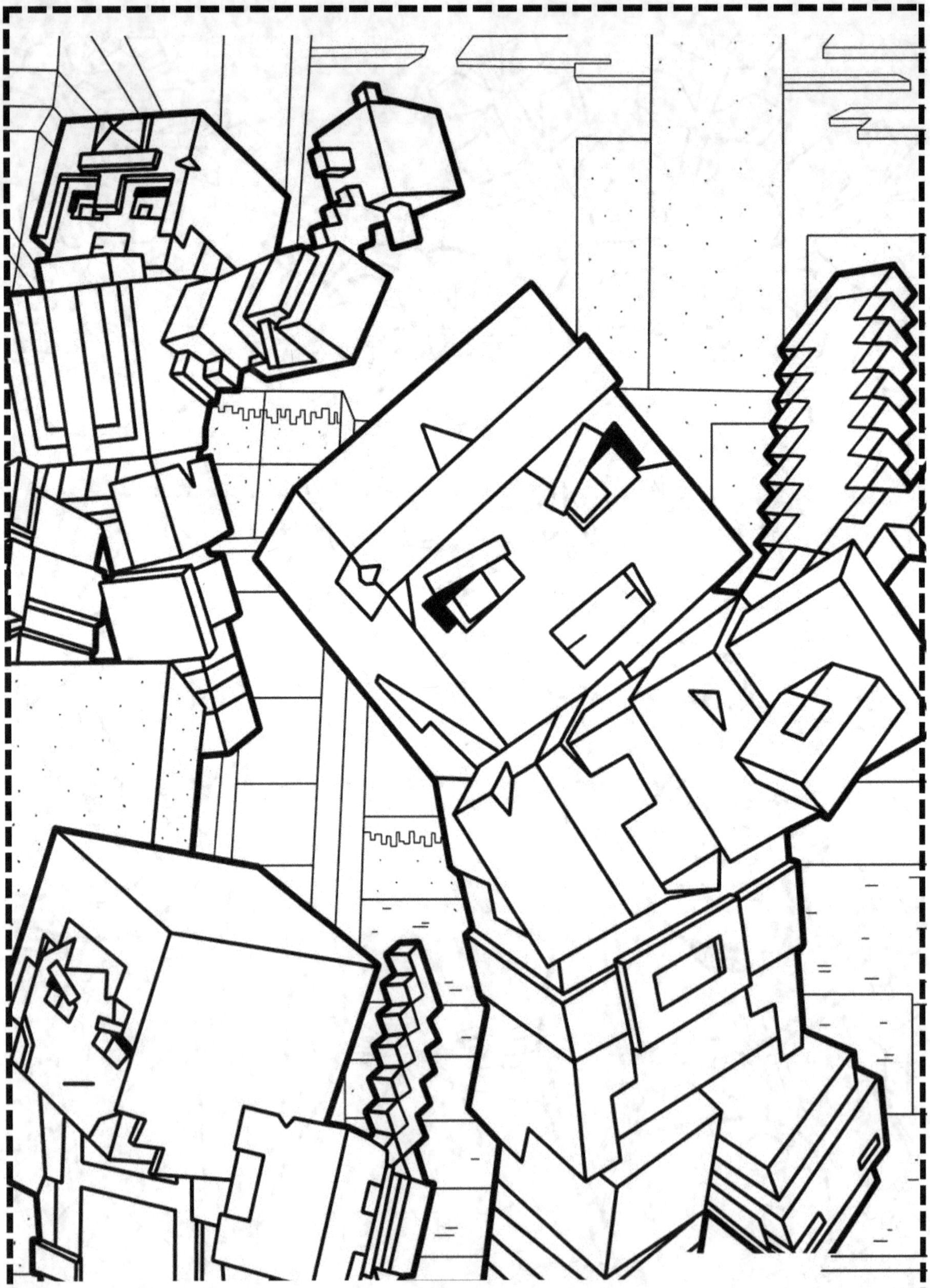

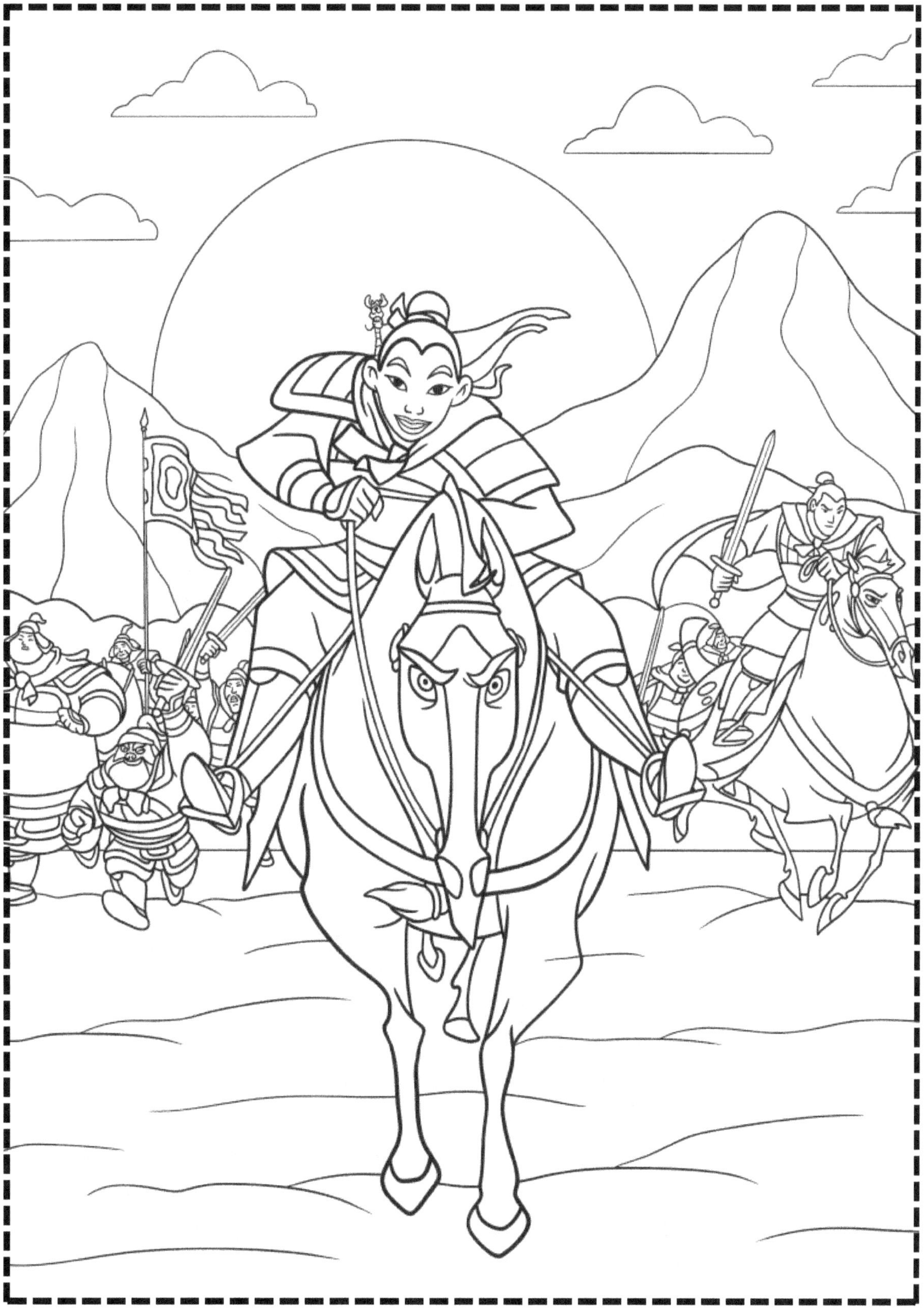

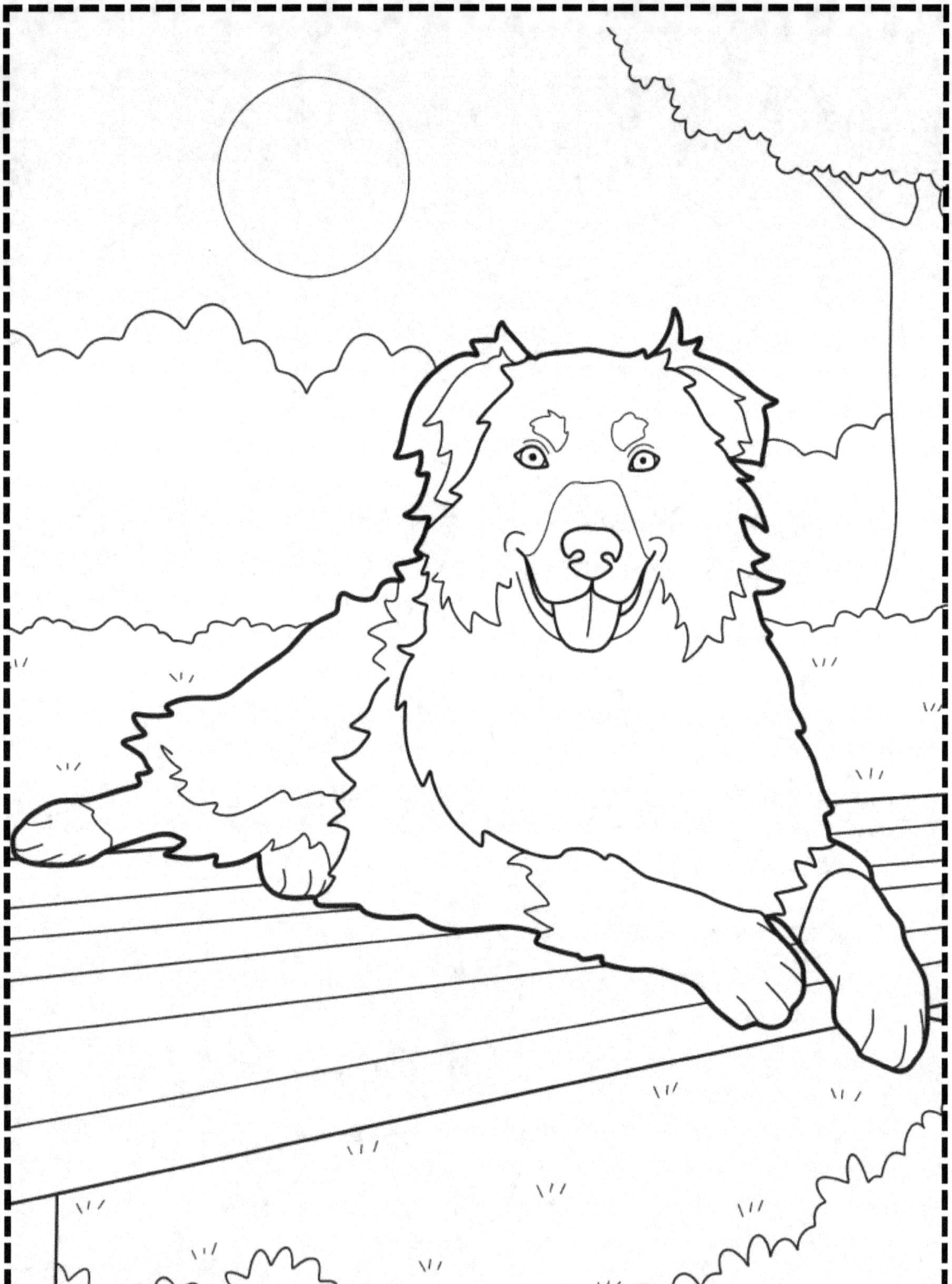

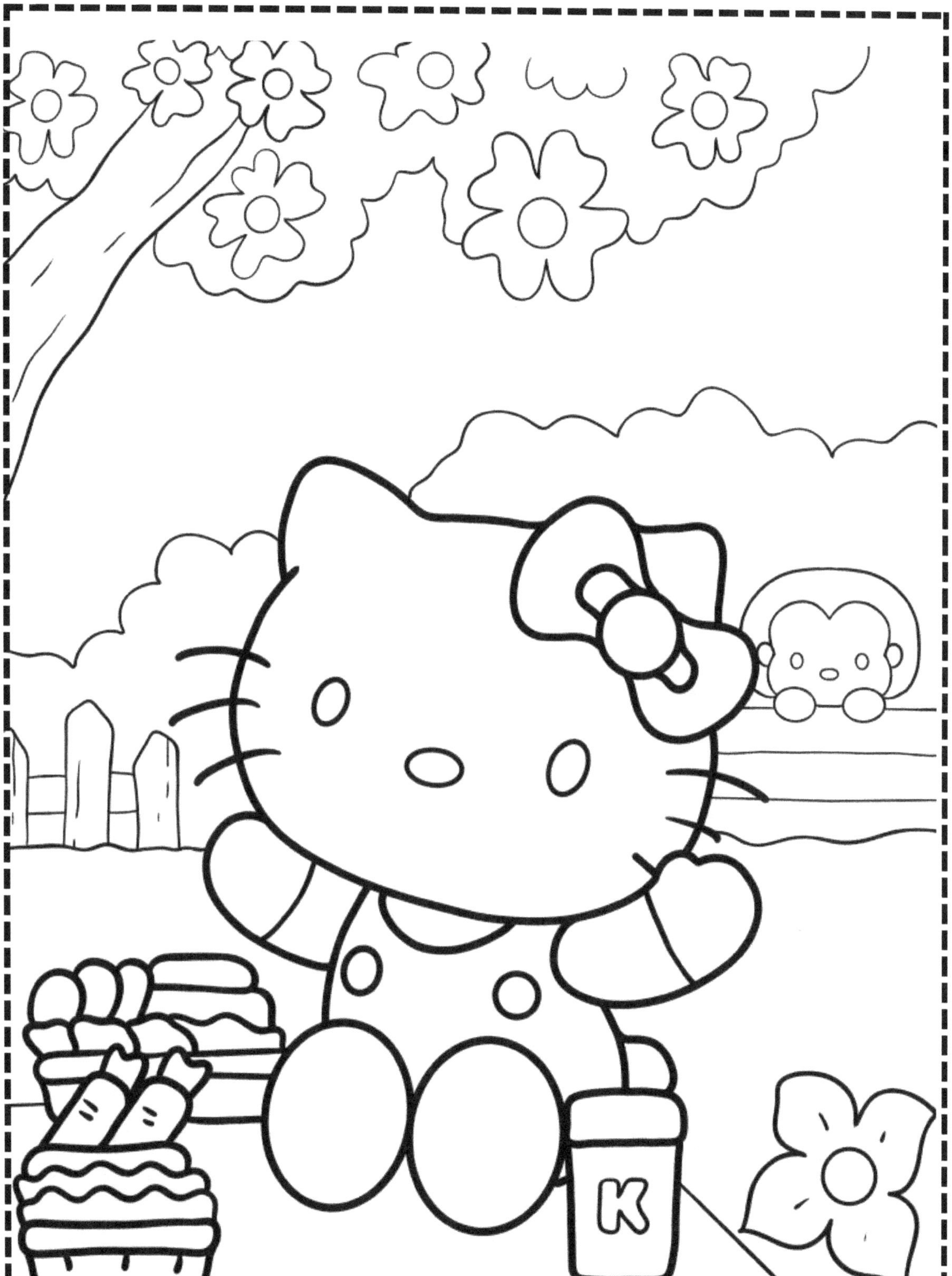
K

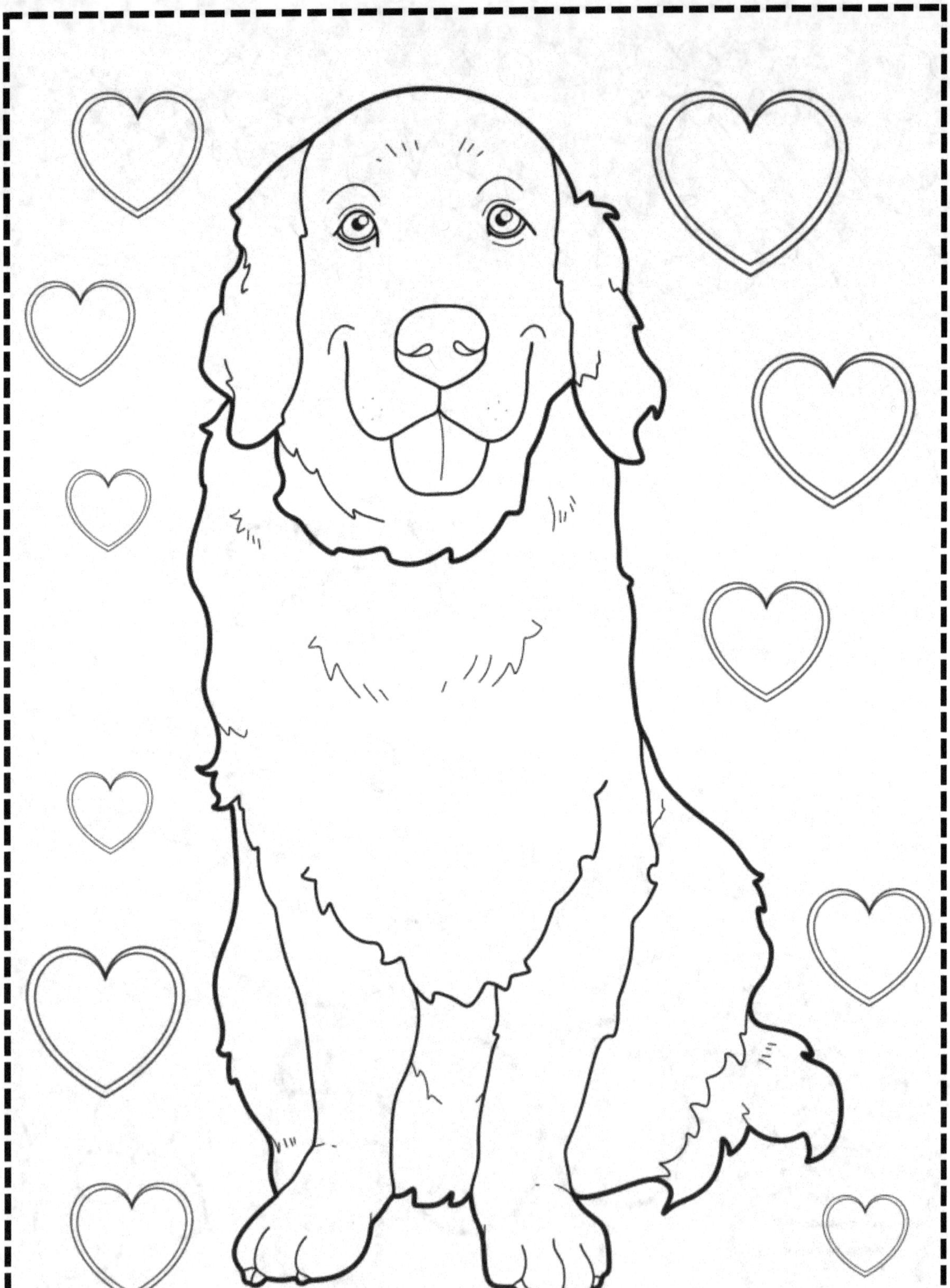

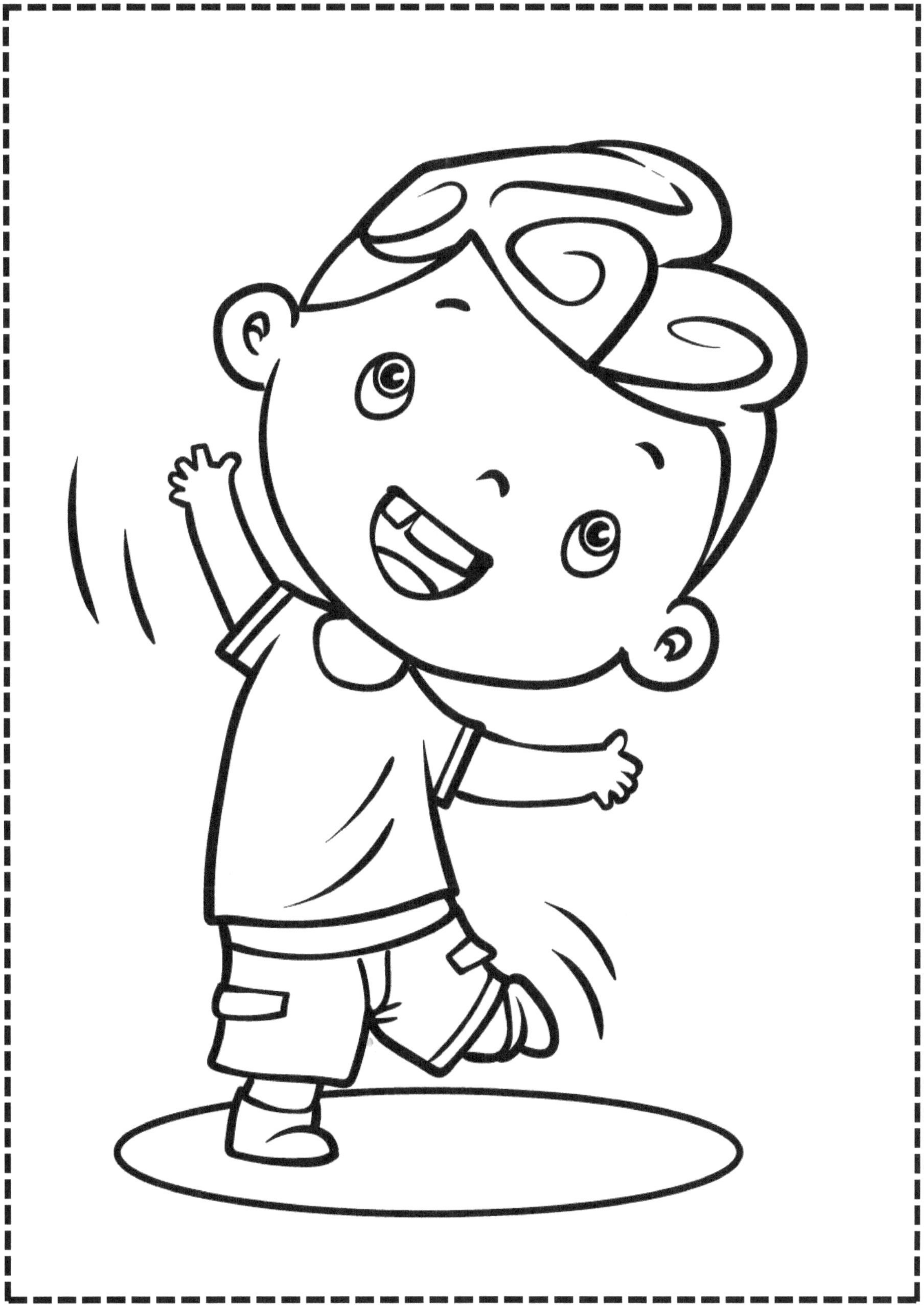

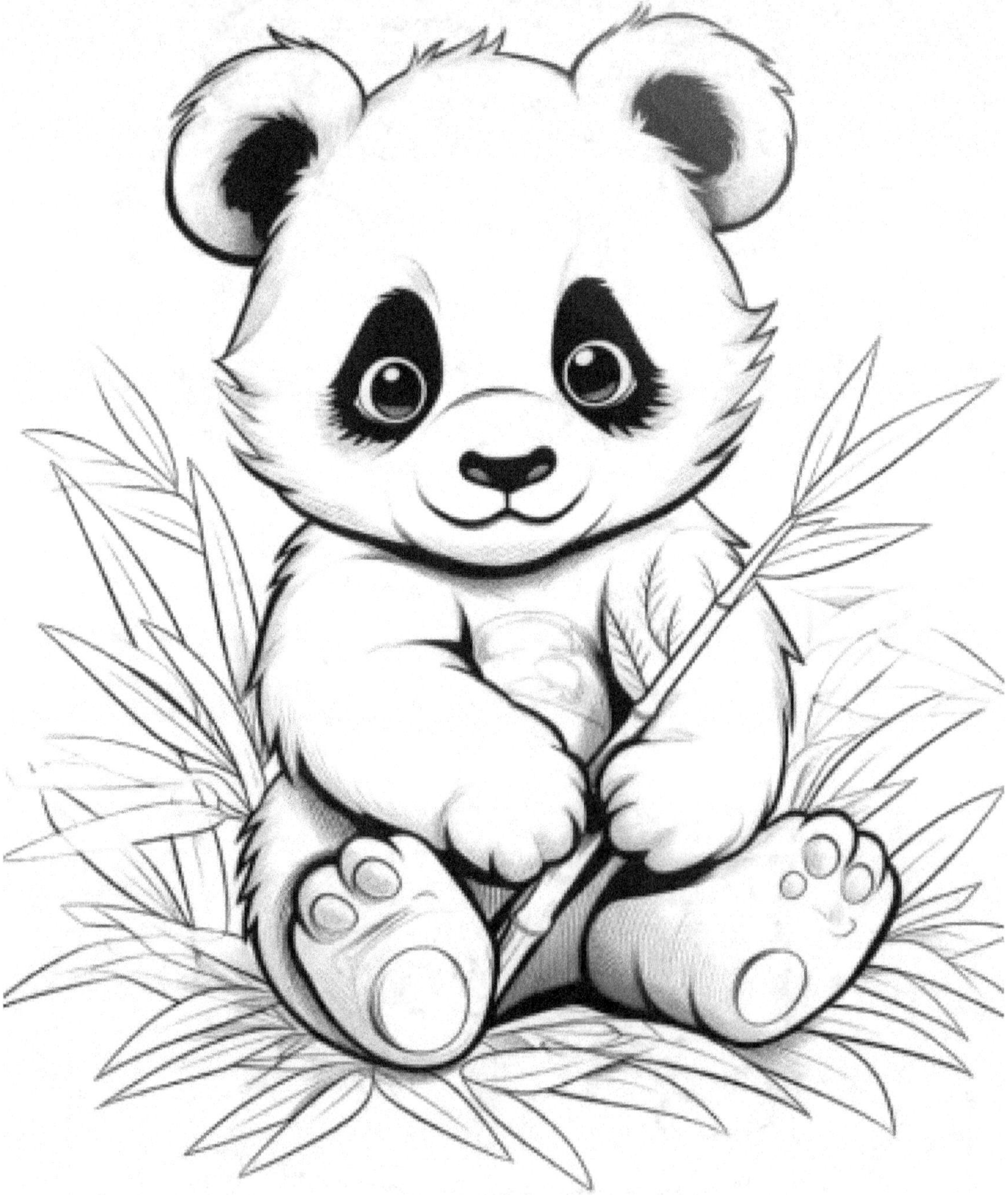

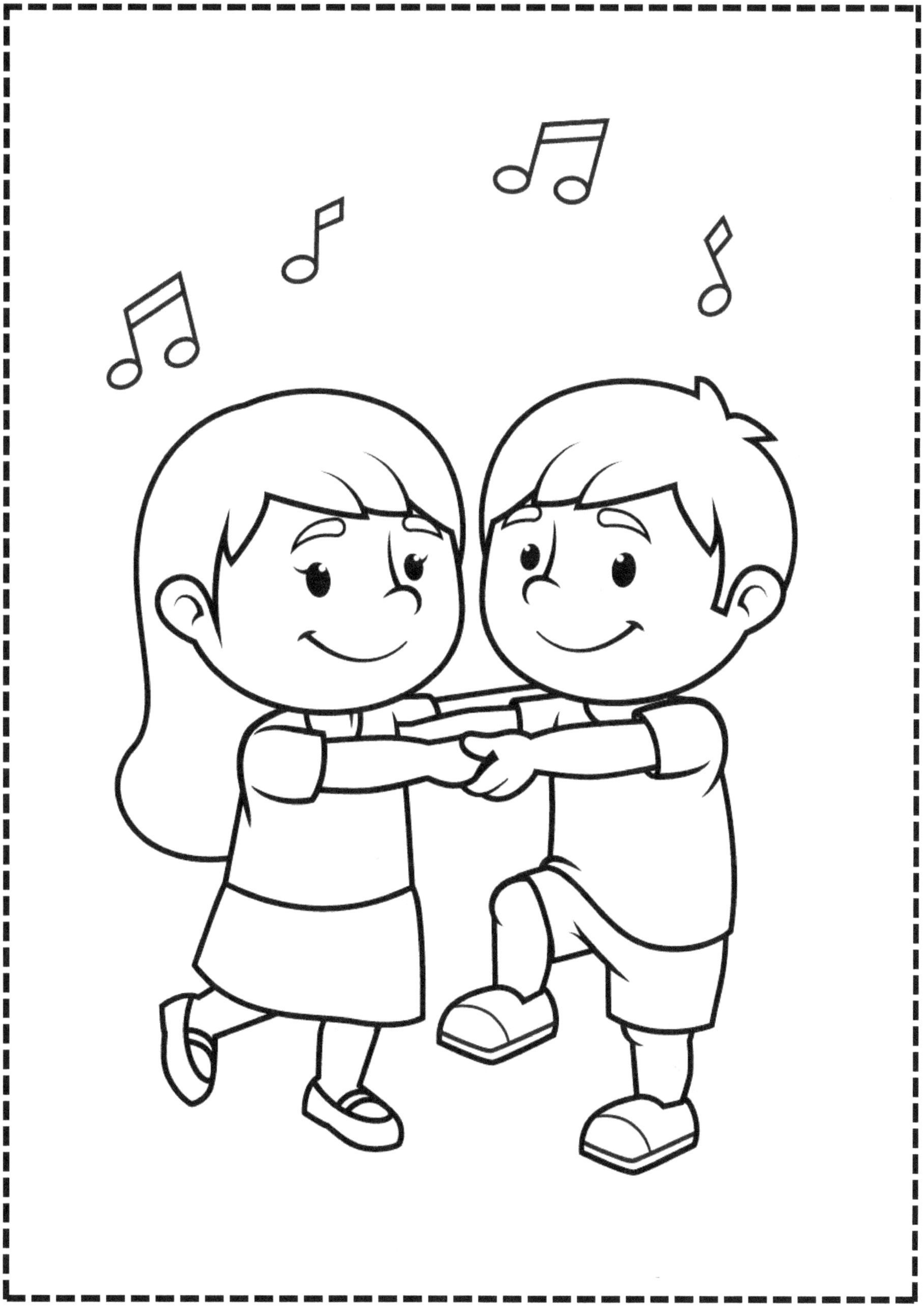

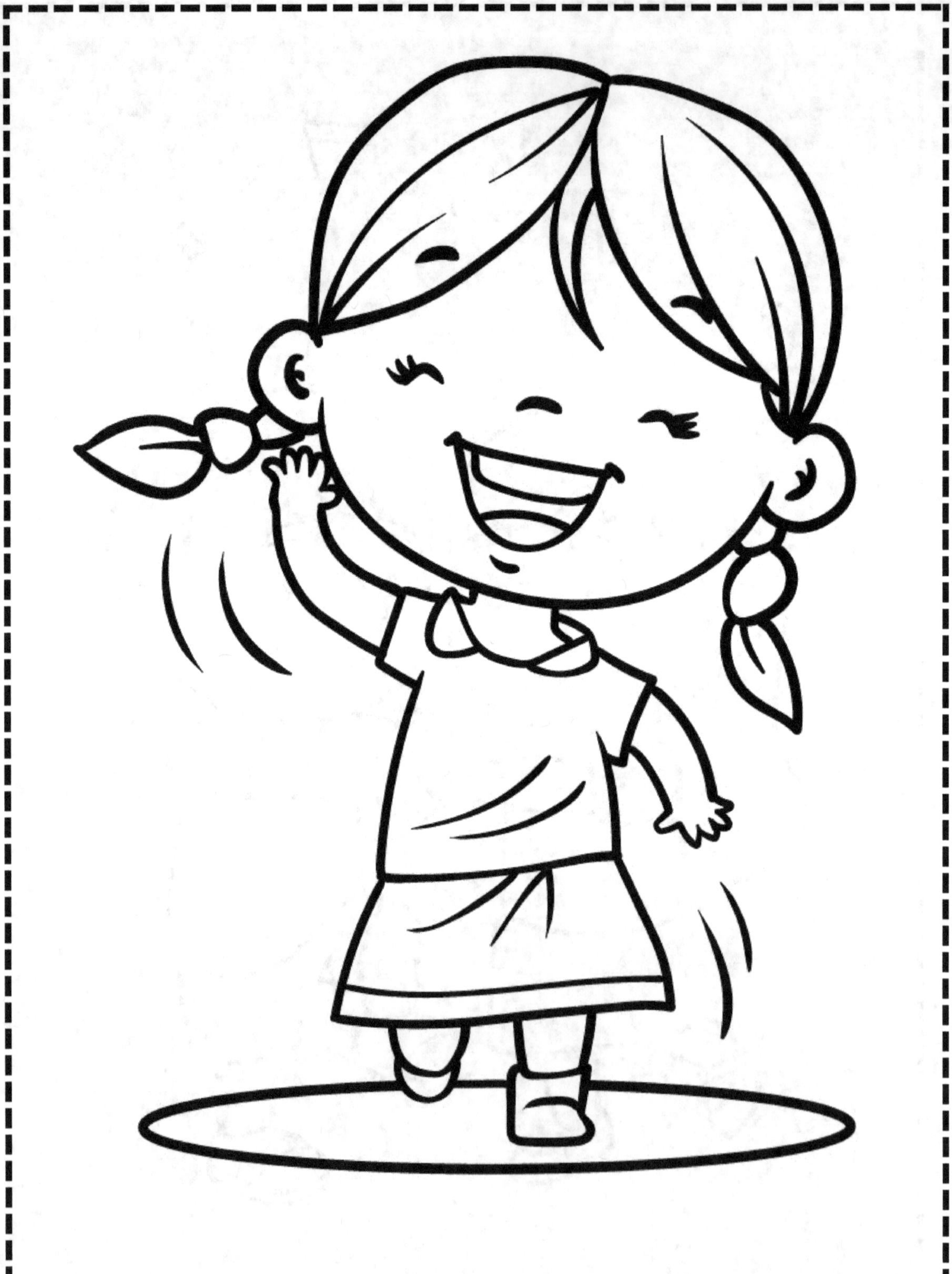

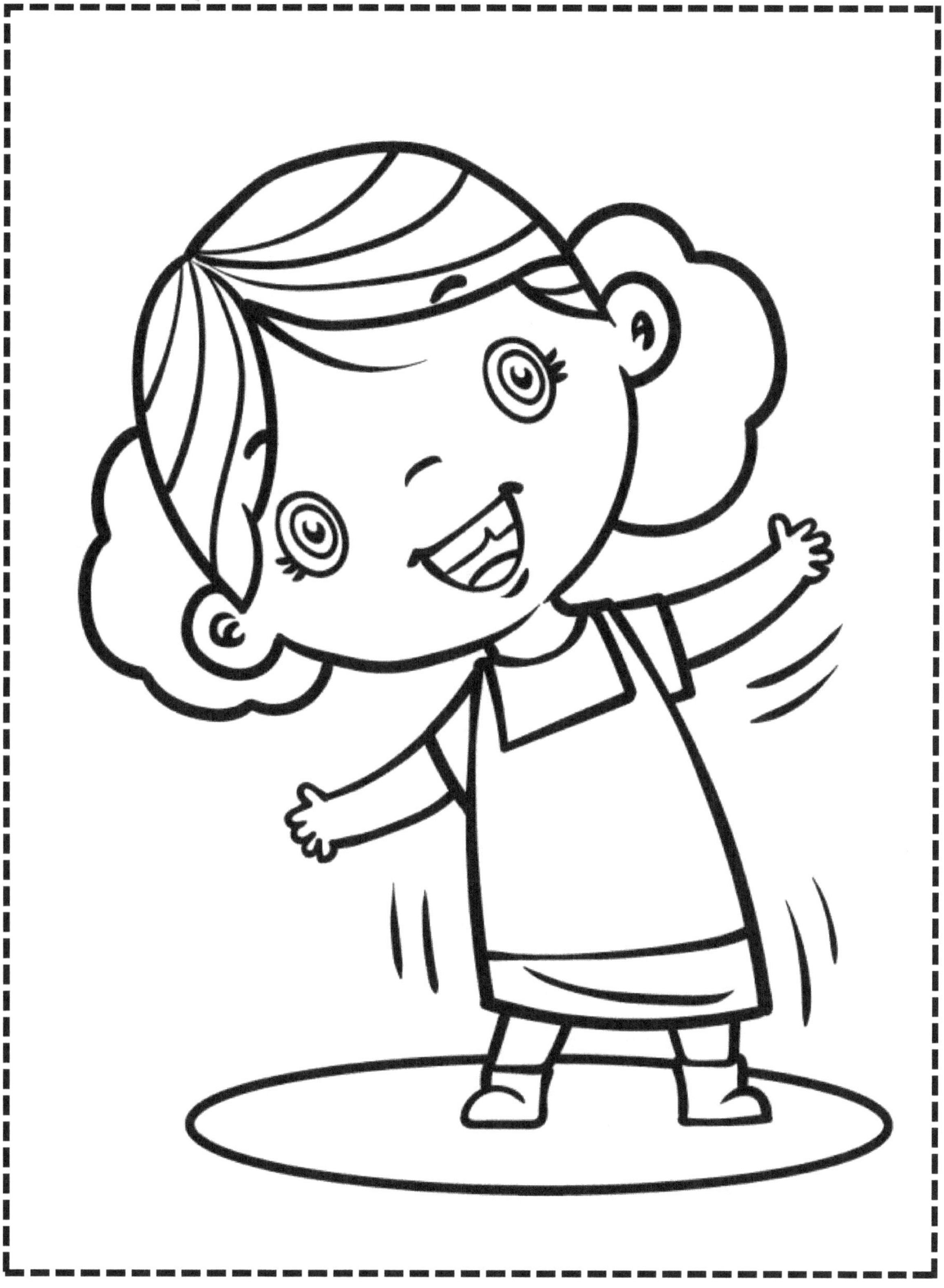

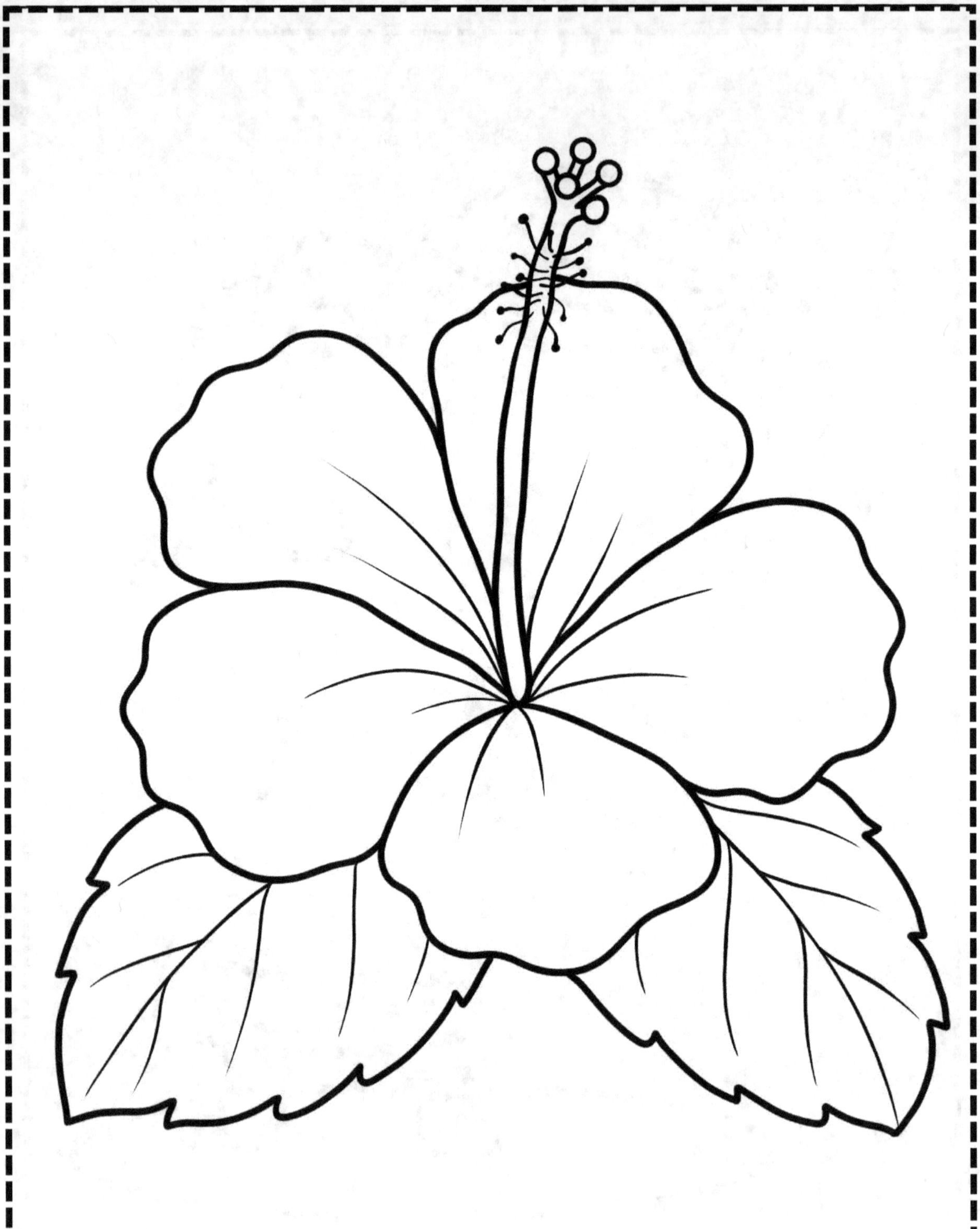

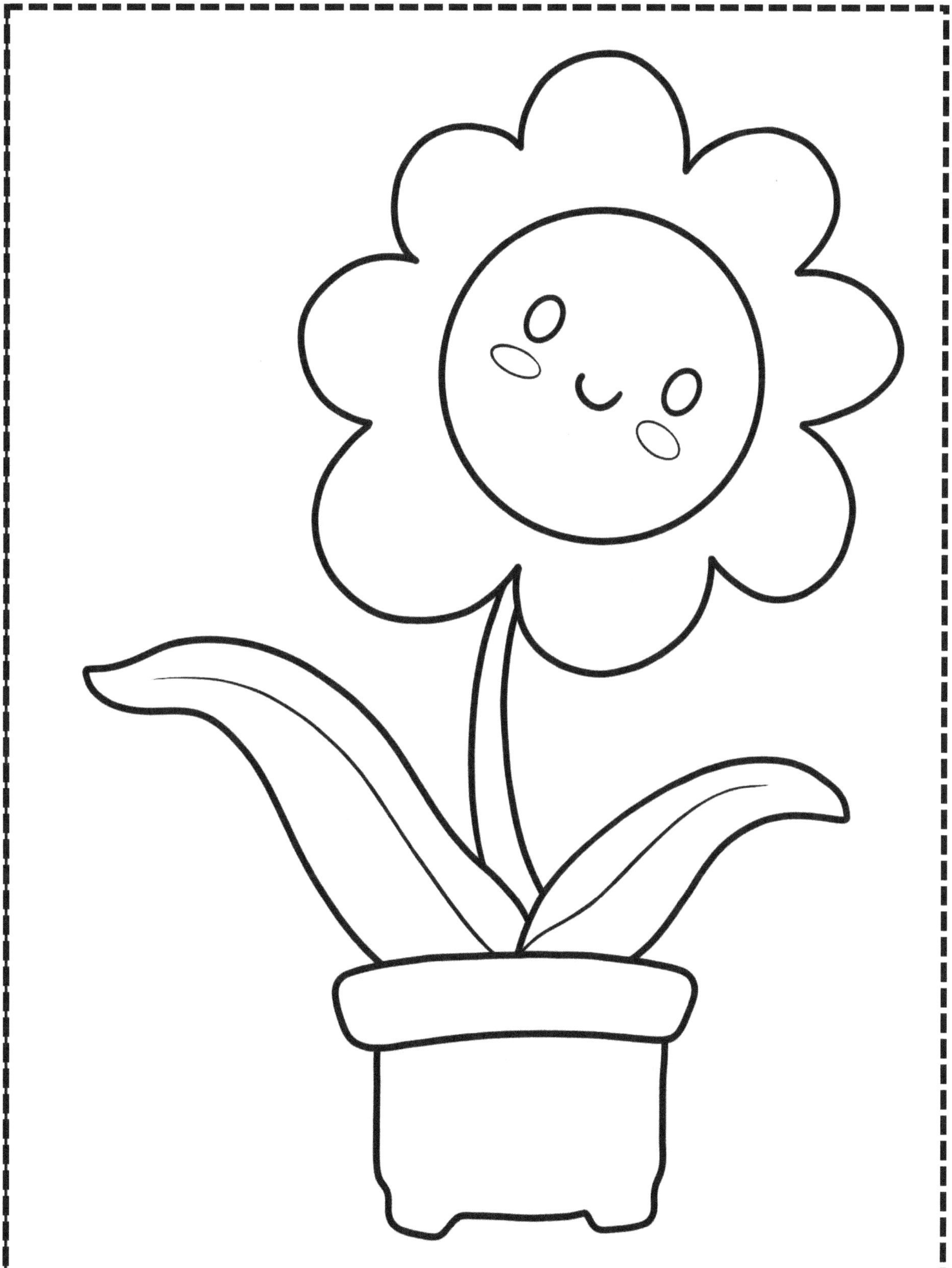

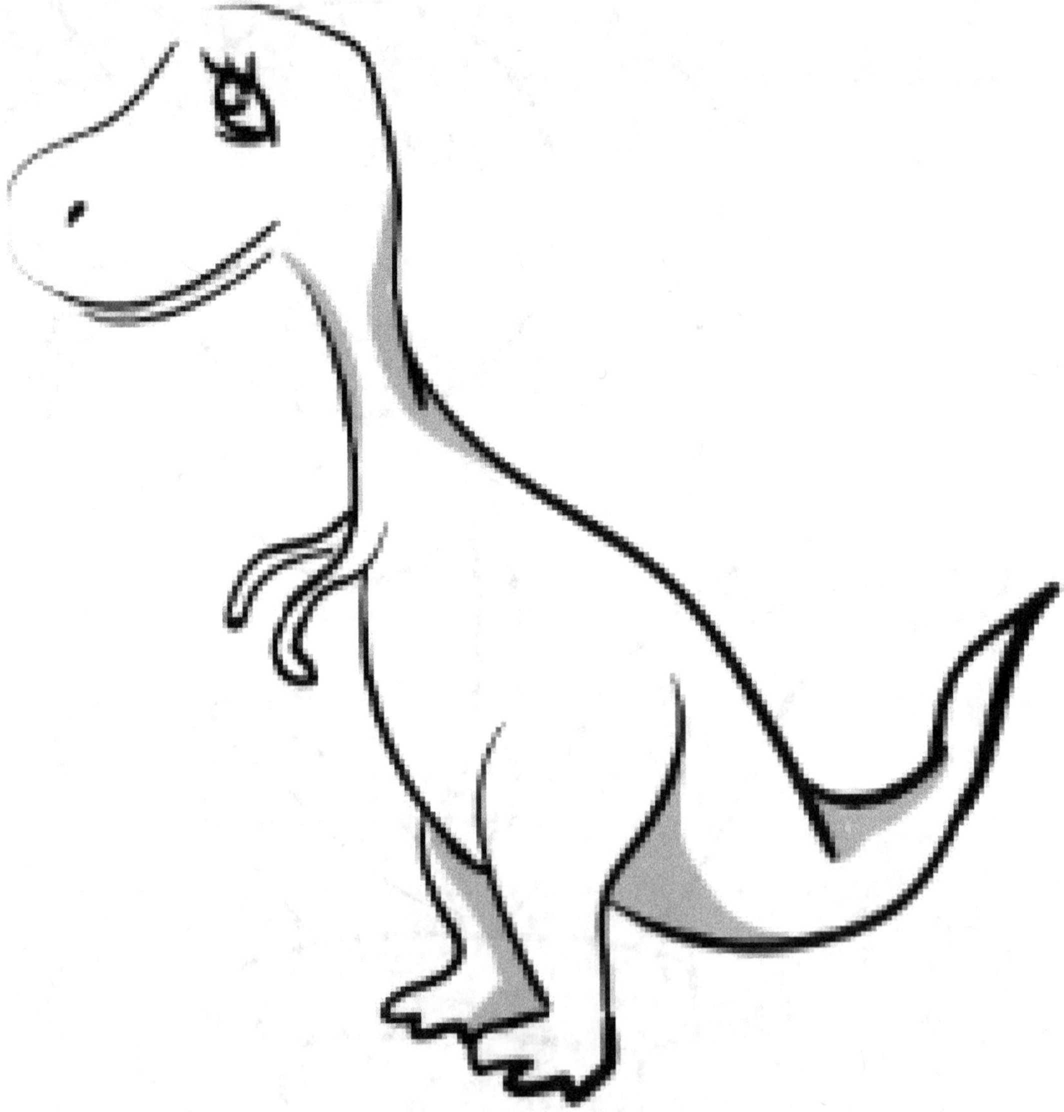

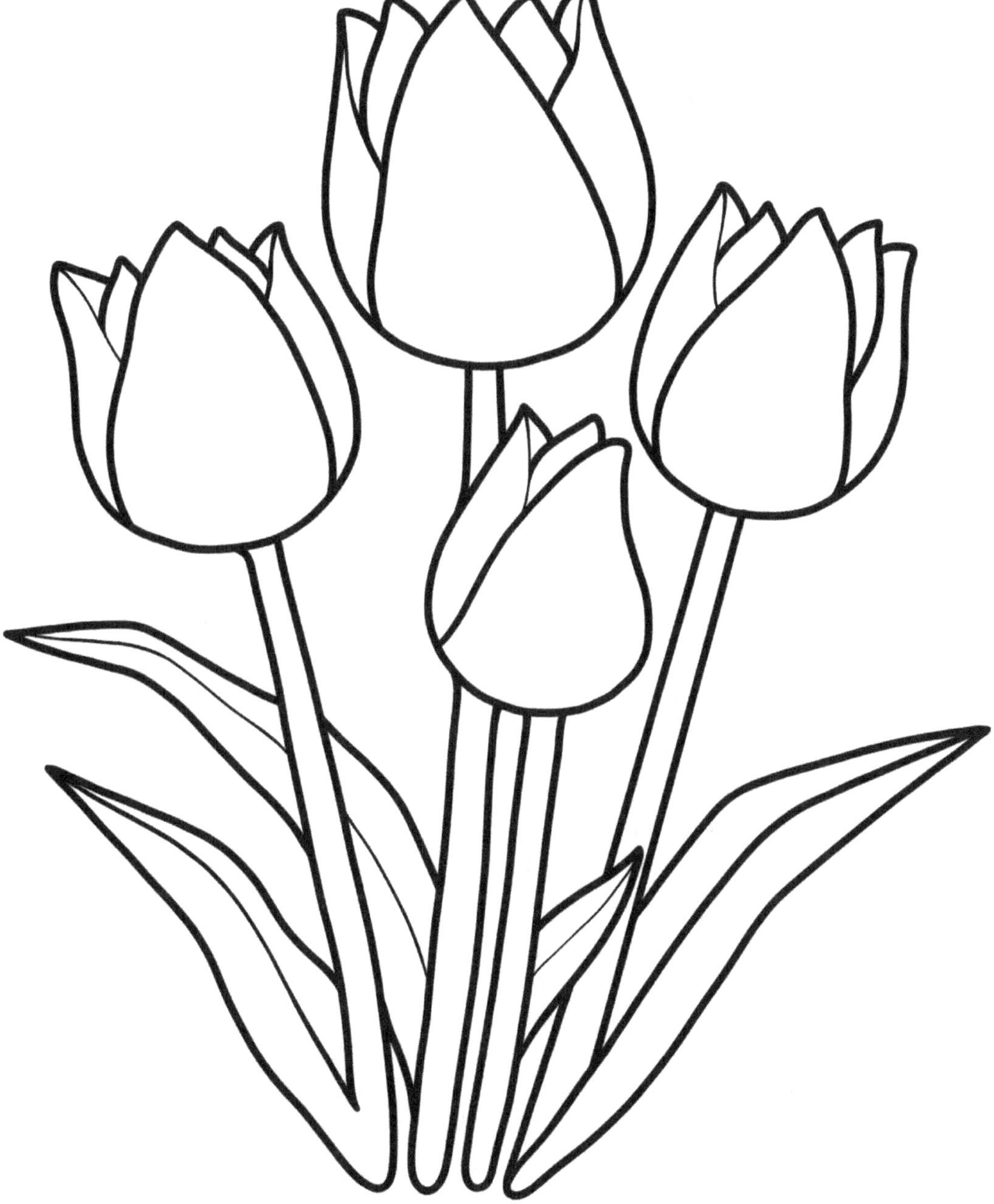

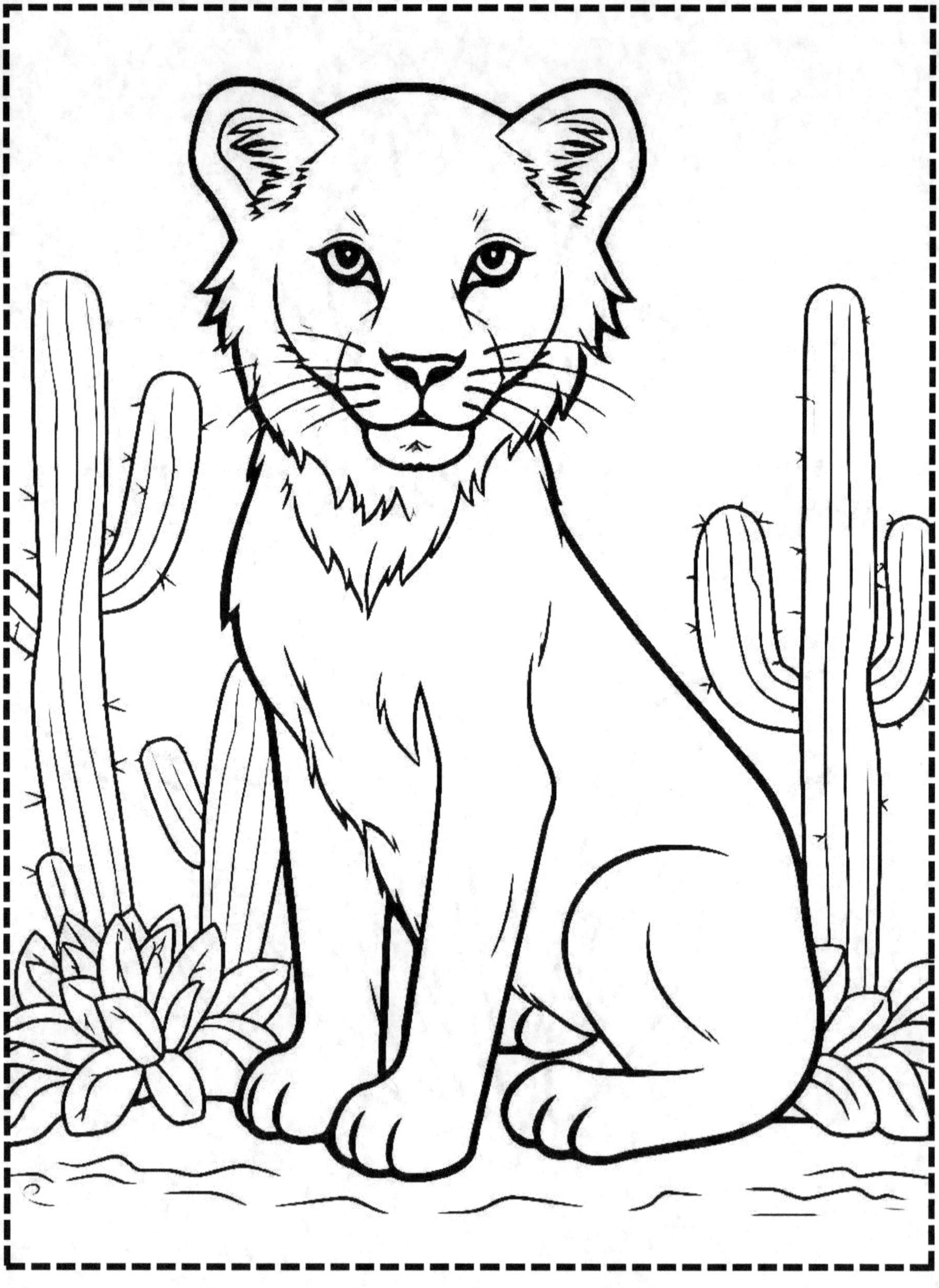

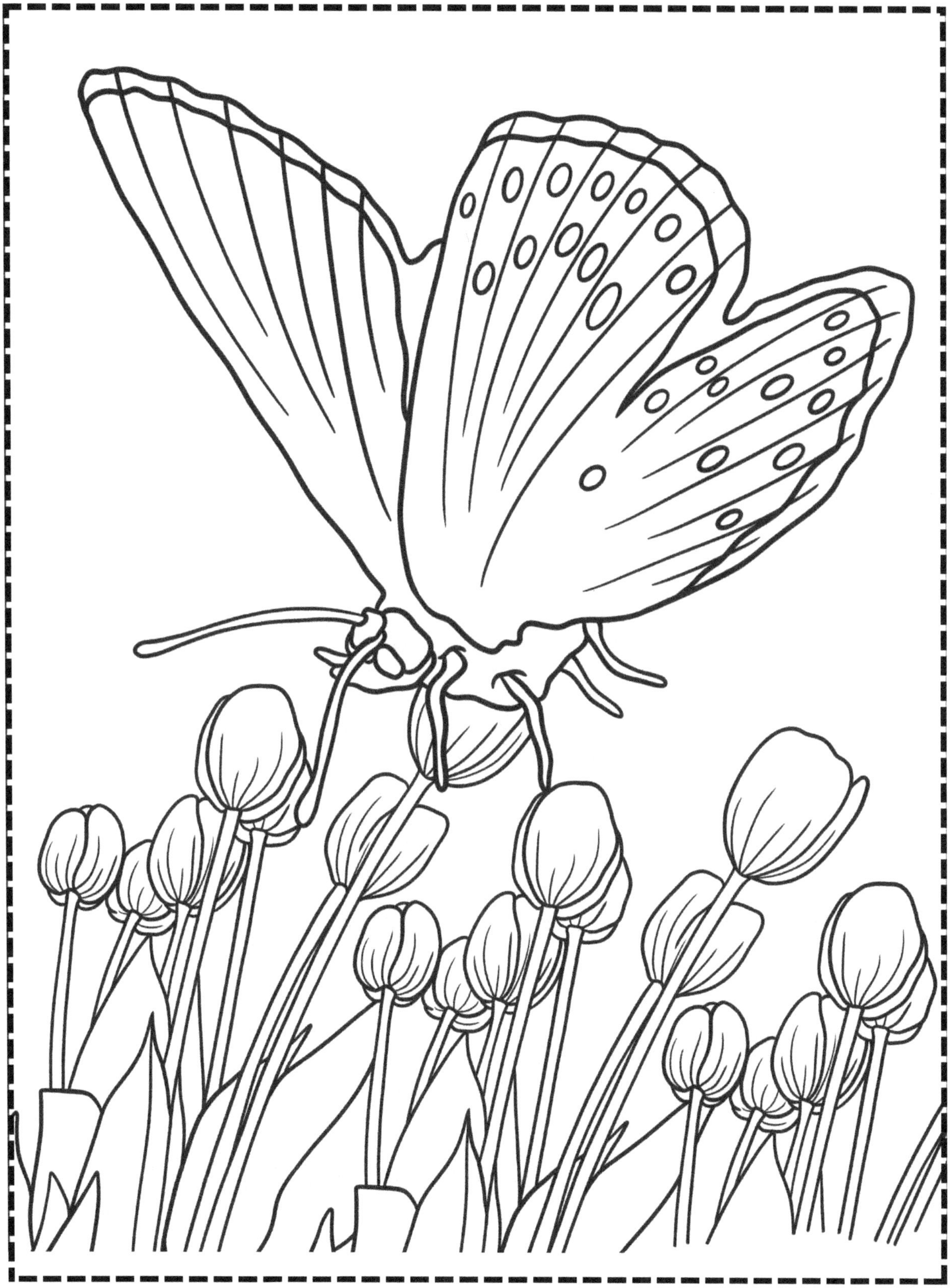

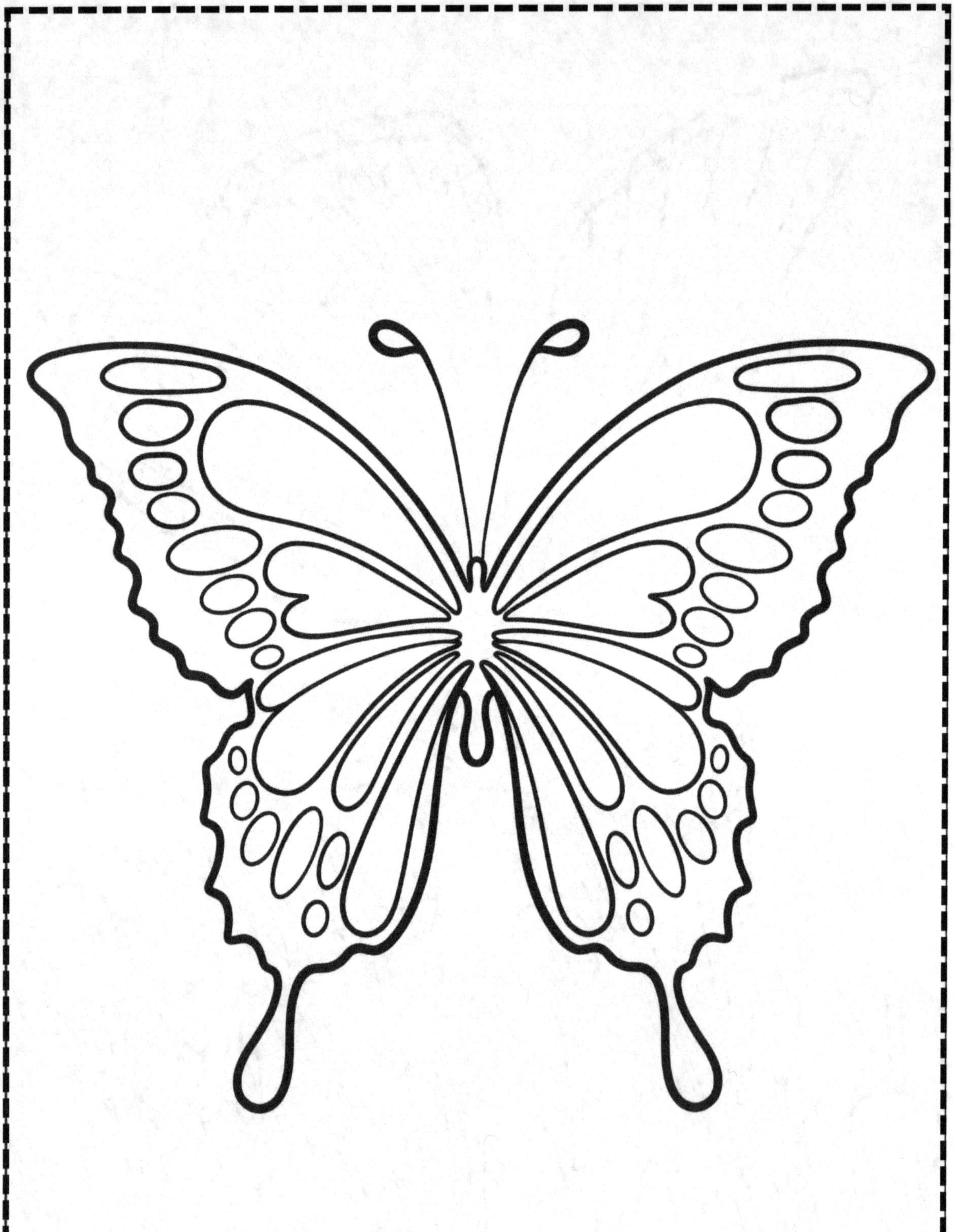

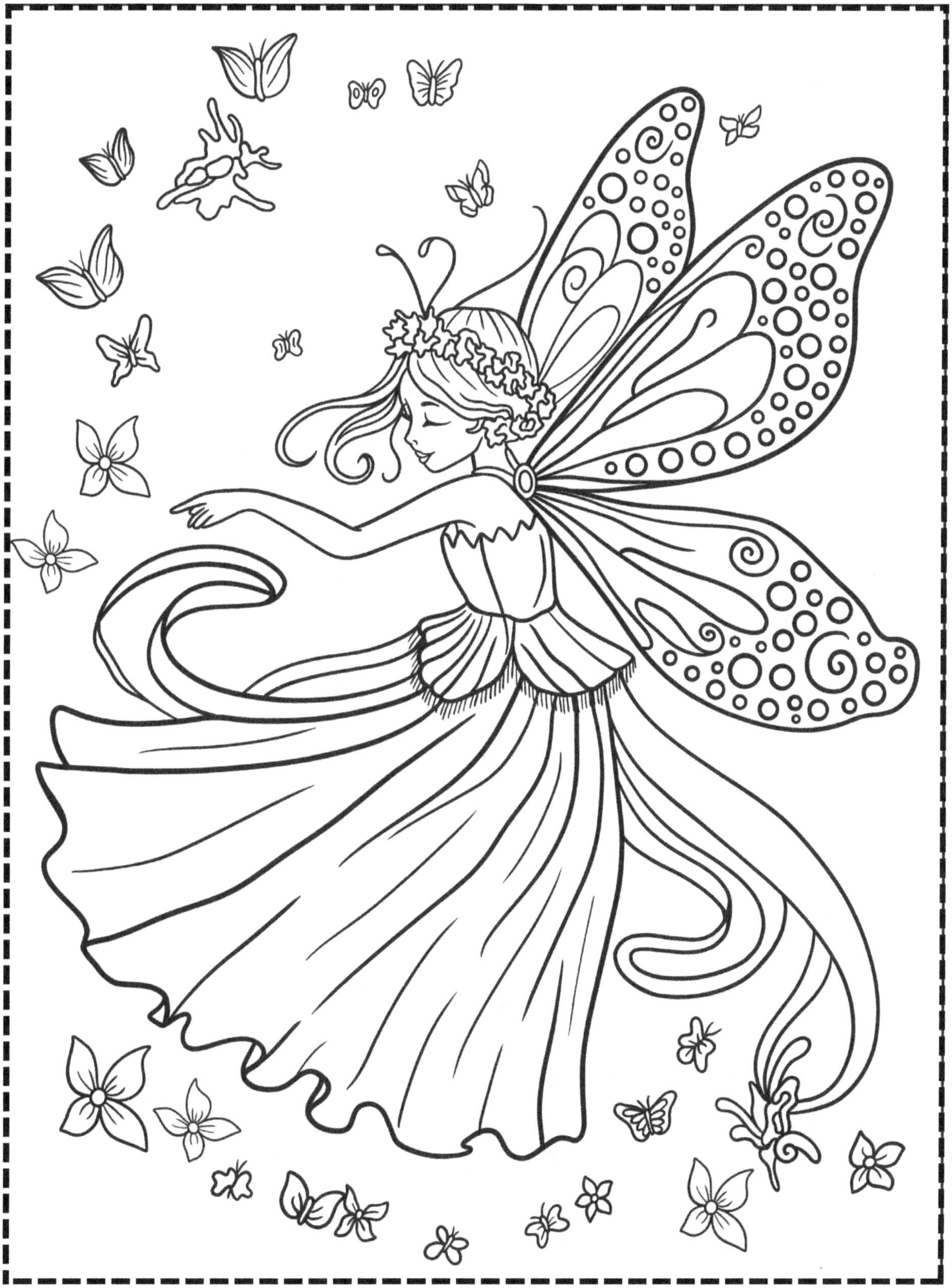

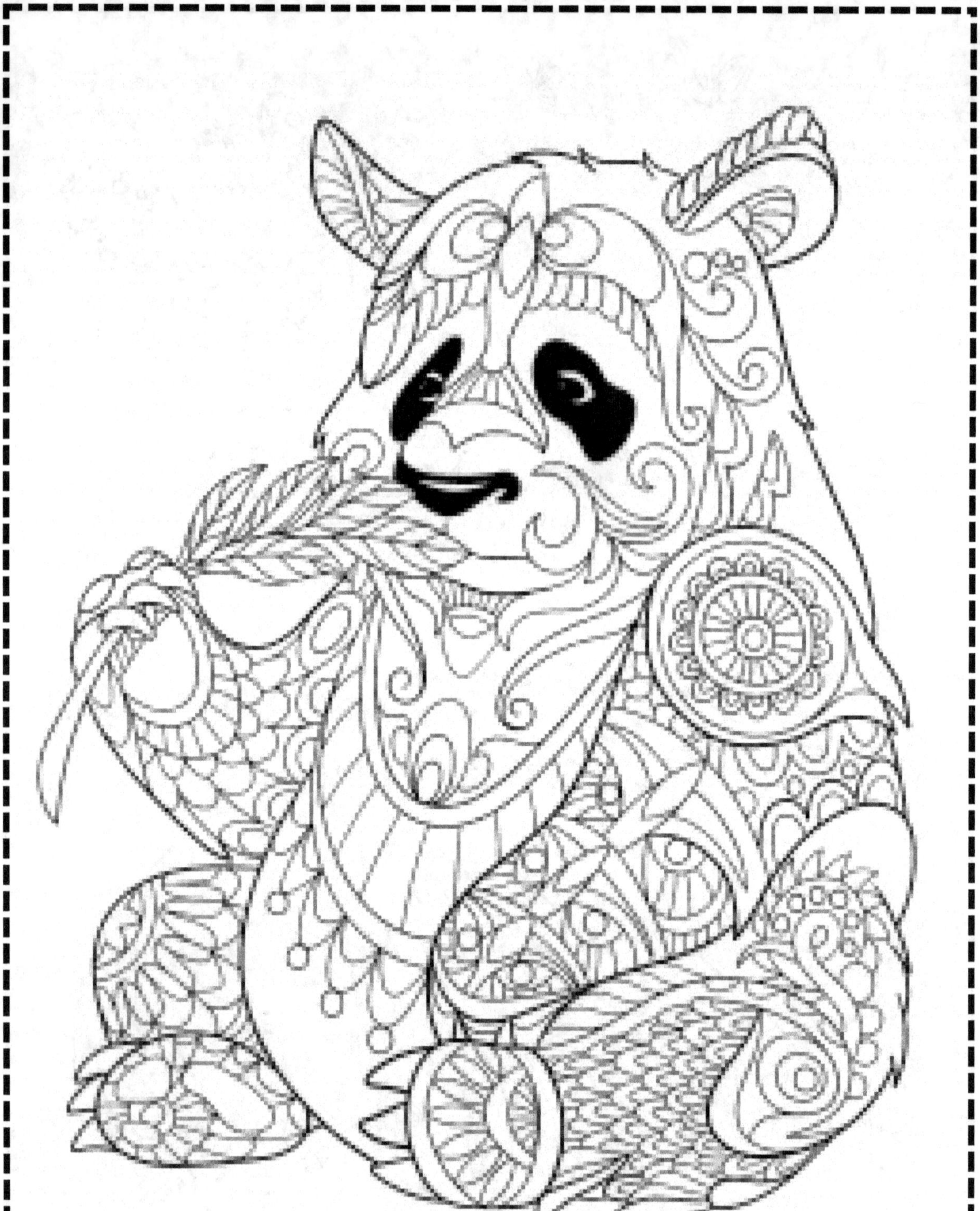

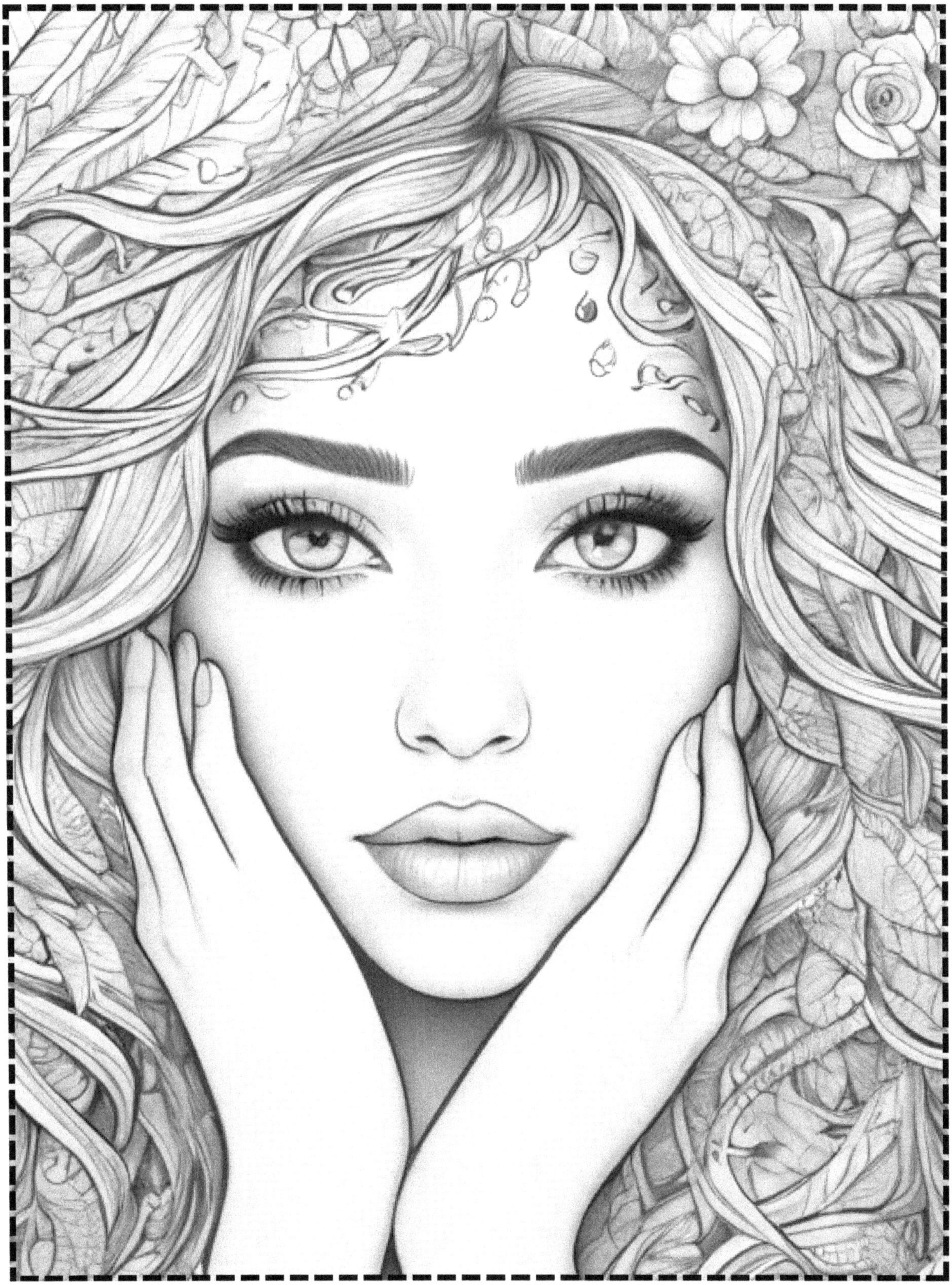

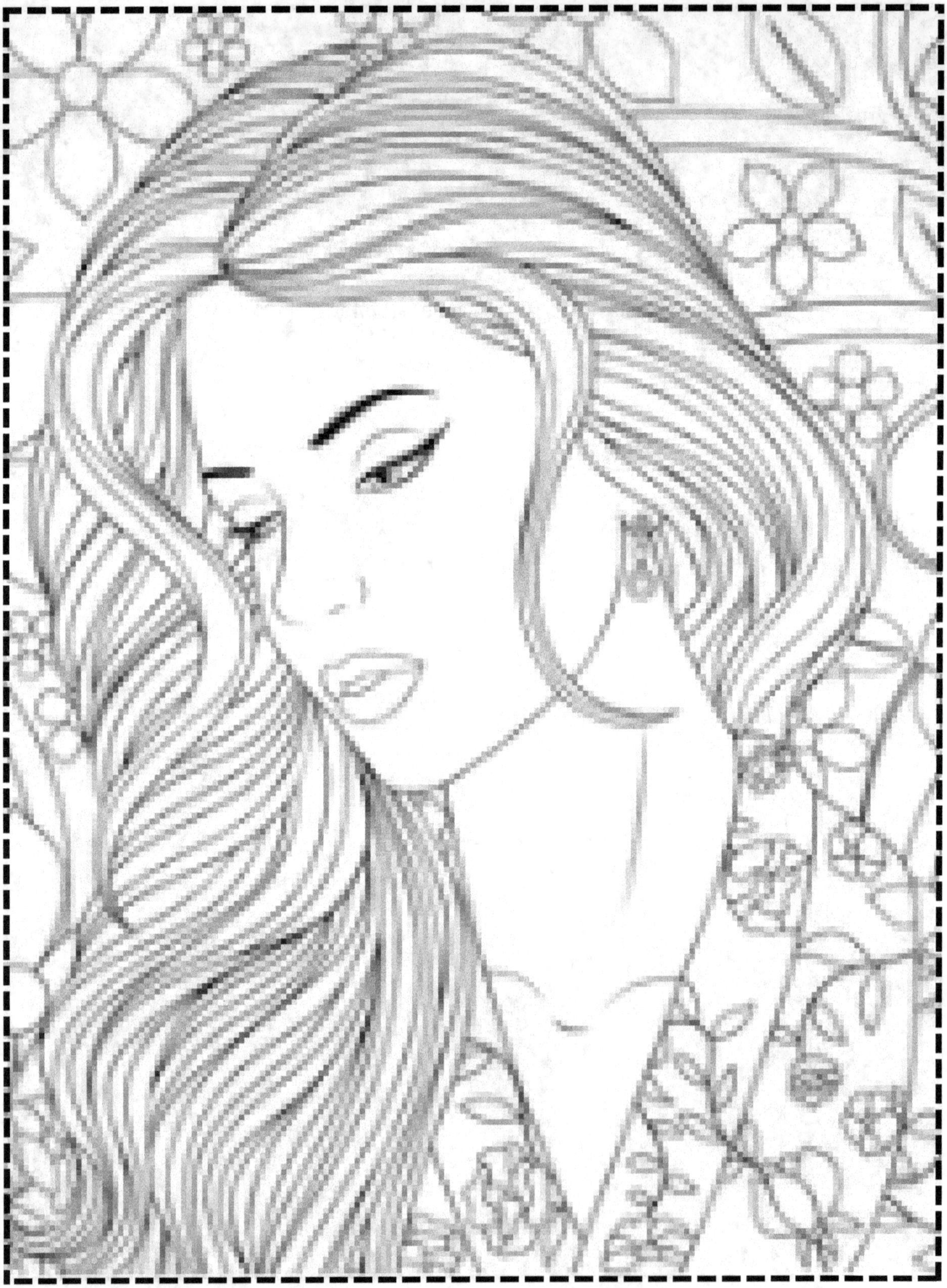

www.ingramcontent.com/pod-product-compliance
Lightning Source LLC
Chambersburg PA
CBHW062218220526
45471CB00009B/3251
9798320451459